博雅对外汉语知识丛书
陆俭明　主编

# 现代汉语规范化答问

戴昭铭　著

图书在版编目(CIP)数据

现代汉语规范化答问/陆俭明主编;戴昭铭著.—北京:北京大学出版社,2012.8

(博雅对外汉语知识丛书)

ISBN 978-7-301-21068-0

Ⅰ.①现… Ⅱ.①陆… ②戴… Ⅲ.①汉语规范化-对外汉语教学-自学参考资料 Ⅳ.①H195.4

中国版本图书馆 CIP 数据核字(2012)第 181733 号

| 书　　　　名：现代汉语规范化答问
| 著作责任者：陆俭明 主编　戴昭铭 著
| 责 任 编 辑：周　鹂
| 标 准 书 号：ISBN 978-7-301-21068-0/H·3112
| 出 版 发 行：北京大学出版社
| 地　　　　址：北京市海淀区成府路 205 号　100871
| 网　　　　址：http://www.pup.cn
| 电 子 邮 箱：zpup@pup.pku.edu.cn
| 电　　　　话：邮购部 62752015　发行部 62750672　编辑部 62754144
|  　　　　　　出版部 62754962
| 印　刷　者：三河市博文印刷有限公司
| 经　销　者：新华书店
| 　　　　　　650 毫米×980 毫米　16 开本　13 印张　200 千字
| 　　　　　　2012 年 8 月第 1 版　2016 年 4 月第 2 次印刷
| 定　　　价：28.00 元

未经许可,不得以任何方式复制或抄袭本书之部分或全部内容。

版权所有,侵权必究　举报电话:010-62752024

　　　　　　　　　　电子邮箱:fd@pup.pku.edu.cn

# 总　序

　　无论是在国内进行的汉语作为第二语言教学,抑或是在国外进行的汉语作为外语教学,还是华文教学(以下统称为"汉语教学"),从学科的角度说,它是关涉到汉语言文字学、应用语言学、教育学、心理学、文学以及文化和艺术等多学科的交叉性学科。但是,作为汉语教学,它最基础、最核心的教学内容则是汉语言文字教学;汉语教学最直接的目的是要确保外国汉语学习者学习、掌握好汉语。因此,对每一个汉语教员来说,汉语言文字学知识应成为自身知识结构中最重要的组成部分,这样才能胜任汉语教学这一任务,才能使自己在汉语教学中做到游刃有余。

　　可是,汉语教学领域的教师队伍有其特殊性,不像一般院系的教师队伍那样基本都是科班出身。出于汉语教学的需要,汉语教师队伍的成员来自各个学科领域。这一情况,对汉语教学来说有它有利的一面,可以适应汉语教学各方面的需求;但也有不利的一面,那就是不少汉语教员由于汉语言文字学方面的知识欠缺,在教学过程中难以面对外国汉语学习者在学习过程中出现、提出的汉语言文字学方面的种种问题。即使是中文系出身的汉语教员,虽然系统学过《现代汉语》、《古代汉语》、《语言学概论》以及一些相关课程,但由于以往的汉语本体研究基本上都是为适应母语为汉语的中国人读书、写作之需而展开的,所以在课堂上所学的一些汉语言文字学方面的知识往往也难以满足汉语教学的需要。这样,汉语教员,不管原先是哪个学科出身的,都迫切需要补充有关汉语言文字学方面的知识。本套丛书就是为适应汉语教学的这种需要而编写的。

　　本套丛书定名为"博雅对外汉语知识丛书",目前暂时下分"现代汉语语音答问"、"现代汉语语法答问"、"现代汉语词汇答问"、"现代汉语修辞答问"、"现代汉语文字答问"和"现代汉语规范化答问"等分册。这套丛书主要有以下几个特点:

　　(一)这套丛书主要面向从事汉语教学的教员,特别是已经从事汉语教学但缺少实际教学经验的教师,以及希望日后从事汉语教学的学生和其他读者。

(二)这套丛书定位为翻检性丛书,即供汉语教员随时翻检,目的是为大家提供汉语教学最必需的汉语言文字学方面的基本知识,以及汉语教学过程中可能会面临、可能会碰到、可能会出现的种种问题,并使读者掌握解决这些问题所应具备的相关知识与能力。

(三)这套丛书在内容上,力求具有针对性、涵盖性,同时具有实用性和一定的理论性;其中也不乏作者个人的经验之谈。

(四)这套丛书在编写体例上,一改传统的编写方式,采用答问方式编写。具体做法是,选择章节中必须包含的内容和教学中最有代表性的问题作为切入点,将所要讲的内容化解为一个个问题,采用"一问一答"的答问方式,分析、讲解教学实践中可能会碰到、可能会出现的问题。问题的设置都从"一个刚走上汉语教学岗位的汉语教师可能会提出或存在这样的问题"这种角度来考虑。问题的抽取和解说,力求能说到读者的需要之处,能全面涵盖重要的知识点,让读者看了感到解渴。

(五)这套丛书在具体安排上,每一章节开头,有一个对该章节内容的简单提示;每一章节的正文,是涵盖该章节内容的各个问题的答问;正文之后,附有一定的练习,练习大多是复习性的,也有一些是思考性的。

(六)这套丛书在表述上,力求深入浅出,通俗易懂,尽量避免使用过多的专业术语。

本丛书有大致统一的编写体例,但因各分册内容不一,所以不强求完全一致。读者在翻检阅读过程中,将会感到各分册在提示语的详略、问题设置的大小、练习内容的多少、解说问题的深浅以及参考文献的摆放等方面,会有些差异。

敬请广大读者,特别是广大汉语教师多提意见,以便在日后修订时使这套丛书日臻完善,更符合大家的需要。

陆俭明<br>2010 年 5 月 5 日<br>于北大蓝旗营寓所

# 前　言

　　语言的规范性问题，实际上是一个语言使用的正确性问题。表面上看，"正确的汉语"也就是"标准的汉语"。这是一个很简单的问题。然而不少对外汉语教师却常有这样的体会：一些具体的语言使用，究竟正确与否，或合乎标准与否，往往很难断定，是非缘由很难说得清楚明白。去向教科书或工具书求助吧，一般的教科书或工具书，对于不容易说清楚讲明白的问题，向来都是宁可不说不讲的。这倒不是因为教材或工具书的编者刻意避重就轻，而是因为语言的正确使用涉及的因素很多，教材或工具书只能提供一些外在的、基本的、刚性标准范围内的答案，而对于那些隐性的、深层的、需要柔性对待或变通处理才能恰当使用的因素，是难以提供一套使人人都满意的答案的。于是对于对外汉语教师，这里就提出了一个重要的学习任务：为了解决在教学中出现的各种各样关于语言使用的规范性问题，我们自己必须具备一定的语言规范化问题的理论修养。本书的编写就是本着这样的目的进行的。

　　为了实现这样一个编写目的，我们首先得设定对外汉语教师必须掌握的关于汉语规范化的理论知识的范围，同时还得假设一些问题——这些问题是对外汉语教师既容易碰到，又必须知道其答案内容的。这样，就形成了本书六章共计 82 个问答的框架结构。尽管全书的体例按照丛书的编纂规定，采用的是"答问"的形式，但是本书在行文上，还是尽量使用讨论或探讨的口吻。这是因为语言规范问题涉及许多学术问题，而学术上的是非最不宜由一家以独断的方式来说出，只能用讨论或探讨的口吻来表述。

　　第一章"绪论"，讨论"汉语规范化的概念和意义"，目的在于使读者树立起关于汉语规范化的明确观念，知道汉语规范化同对外汉语教学的密切关系，从而能在工作中确立自觉的规范意识。

　　第二章"汉语规范化的理论问题"，除了论及规范理论的重要性外，还讨论了一些具体的理论问题和方法问题，比如：什么是"语言变体"？如何看待语言的变异和变化？语言的变异和变化与语言规范化有怎样的关系？怎样在工作中把握"动态规范"的观念和方法？怎样看待"普通话""国语""华语"这些术语在概念上的同异？怎样贯彻"大华语"的观念？

第三章"语音规范问题"，除了说明普通话"以北京语音为标准音"的实际含义外，还着重讨论了"京腔"与标准普通话在儿化、轻声等方面的明显差异。对于在对外汉语教学中取消儿化音教学和在普通话中取消轻声规范的看法，我们认为是不可取的，但对儿化标准和轻声标准也提出了个人的学术见解。

第四章"汉字规范问题"，一方面强调了在对外汉语教学中执行"规范汉字"教学标准的重要性，另一方面也论述了华人世界简、繁两体汉字分歧的由来以及尊重客观现实的必要；既对贬低和取消简化字的"识繁写简"主张表示了不同意见，同时也从学术角度认为有必要优化现行的汉字简化方案，使简化字更趋于合理化。

第五章"词汇规范问题"，讨论的是汉语学界共同面临的一个根本性难题，即既要有词汇规范，又难以提供一份具体而明确的规范标准。词汇使用涉及的问题众多而复杂：各地华语的"特有词语"问题、异形词问题、外来词问题、方言词问题、网络词语问题等等，显然不能用一个标准框定。因此持柔性规范和"大华语"观念对待词汇使用，注重语境和表达效果，显然是处理这一复杂问题的明智态度。读者对此宜于心领神会，以免胶柱鼓瑟。

语法规范的灵活性和困难性与词汇规范相比，可谓有过之而无不及。第六章讨论"语法规范问题"，从"语法系统"入手，进到"语言习惯"问题，希望有助于对外汉语语法教学策略的改进。新时期汉语语法有不少变化，本书介绍了在判定语法变化是非问题上汉语学界共识较多的"理性原则"和"习性原则"。至于网络"淘宝体"和"凡客体"的使用，已超出狭义的语法规范范畴，属于广义的语法问题，即言语行为问题。言语行为规范研究在汉语学界尚是一个有待开拓的新领域。本章借此提出了判定言语行为规范的得体性原则，希望能引起关注。

# 前　言

　　陆俭明先生把本丛书关于汉语规范化这一分册的撰写任务交给我，既是对我的信任，也是对我的考验。对于汉语规范化这样一个不易说清楚讲明白的难题，我只能说自己是勉力而为了。至于是否达到了陆先生的期望，还要靠读者的感受来判定。本书在写作中借鉴了不少同仁的成果。北京大学出版社汉语及语言学编辑部主任王飙先生，编辑李凌女士、周鹂女士对于本书的出版费心不少。胡双宝先生在终审过程中提出了不少宝贵意见。在此一并致谢！

戴昭铭
2012 年 5 月 18 日
于黑龙江大学汉语研究中心

# 目 录

**第一章 绪论：汉语规范化的概念和意义** ········· 1
  1. 什么叫"汉语规范化"？ ················· 1
  2. 汉语规范化真的有重大意义吗？ ············· 2
  3. 现在不是要保护少数民族语言文化吗？为什么还要强调
     使用国家通用语言文字？ ················ 3
  4. 少数民族语言文字和国家通用语言文字如何并行不悖？
     能否具体说说？ ···················· 4
  5. 国家为什么不立法保护方言呢？方言就不需要保护吗？ ··· 7
  6. 汉语规范化同对外汉语教学有关系吗？ ·········· 9
  7. 教外国人说汉语，教学标准可以降低一些吗？ ······ 10
  思考与练习 ······················· 12
  参考文献 ························ 12

**第二章 汉语规范化的理论问题** ············ 13
  1. "对外汉语教学"执行国家制定的规范标准就可以了，还
     要掌握关于规范化的理论吗？ ············· 13
  2. 什么叫"语言变体"？ ················· 14
  3. 语言的形式为什么会发生变异？ ············ 15
  4. 语言变异都是不好的吗？都必须消灭吗？ ········ 15
  5. 规范化不是要维持语言使用标准的稳定吗？为什么还要
     谈语言的变异和变化？ ················ 17
  6. 维持语言使用的稳定真的会束缚语言的发展吗？ ····· 18
  7. 什么是"动态规范观"呢？ ··············· 19
  8. 《现代汉语词典》第4版"西文字母开头的词语"未收QQ
     这个词，第5版中就收了，体现了"与时俱进"的精神，

可是为什么没有收 GG、MM 等词语呢？ ……………… 21
  9. 什么叫"普通话"？它和"国语""华语"是什么关系？ ……… 22
 10. 什么叫"大华语"？它同"华语"是一回事吗？ ………… 24
 11. 既然提倡树立"大华语""宽式国际华语"的观念，那我
    们在对外汉语教学中还需要坚持国家制定的规范标准吗？
    …………………………………………………………… 27
思考与练习 ……………………………………………………… 28
参考文献 ………………………………………………………… 29

## 第三章　语音规范问题 ……………………………………… 30
  1. 普通话语音规范为什么要规定"以北京语音为标准音"？ …… 30
  2. "以北京语音为标准音"是否意味着北京本地人说的话就
    是标准的普通话呢？ ……………………………………… 32
  3. 什么叫"音系"？为什么普通话的音系与北京话的音系可
    以相同？ …………………………………………………… 32
  4. 既然北京话与普通话音系相同，那么二者在语音上还有
    其他差别吗？ ……………………………………………… 33
  5. 我不是北京人，对北京接触也很少，上面说到北京话中
    的儿化遍及各类实词，我觉得有些奇怪。能否具体说说
    是怎样一种情形？ ………………………………………… 35
  6. 现在有一种意见，认为普通话不应该有儿化音，你是怎
    么看的？ …………………………………………………… 40
  7. 现在在推普和对外汉语教学工作中，人们普遍觉得儿化
    是普通话教学的沉重负担，对此应当怎样看待？ ………… 43
  8. 你认为普通话儿化教学这一难题还有解决之道吗？ …… 45
  9. 有人认为轻声的规范是不必要的，这有道理吗？ ……… 48
 10. 轻声的规范有明确的标准吗？ …………………………… 50
 11. 为什么轻声词的规范难有明确的标准？ ………………… 51
 12. 《普通话水平测试用必读轻声词语表》是什么性质的文
    件？应该怎样使用这份文件？ …………………………… 53
 13. 现在不同种类的对外汉语教材对轻声词的标注往往很不

　　　　一致，应该怎样对待这一问题？ ……………………………… 57
　14. 目前的教学中，轻声词的记忆对学生来说仍是一个比较
　　　沉重的负担，有没有什么好办法减轻学生的负担？ ………… 62
　15. 轻声的实际读法真的是"短、轻、弱，失去调值"吗？
　　　轻声有没有自己的音值标准？ ………………………………… 65
　16. 外国人说汉语常有一种"洋腔洋调"，应该怎样帮他们纠
　　　正？ ……………………………………………………………… 68
　思考与练习 …………………………………………………………… 71
　参考文献 ……………………………………………………………… 72

**第四章　汉字规范问题** …………………………………………… 74
　1. 对外汉语教学在汉字规范方面需要注意哪些问题？ ………… 74
　2. 什么是"规范汉字"？"规范汉字"是否就等于简化字？ ……… 75
　3. 在海外从事汉语教学，大陆去的教师和台湾去的教师执
　　 行的是不同的规范标准，这个分歧是怎样产生的？ ………… 77
　4. 现在，海内外有一些人认为推行简化字是政府强制行为，
　　 不符合汉字发展的规律。对此应该怎样看待？ ……………… 79
　5. 有人说：香港和台湾使用繁体字，也实现了教育普及和
　　 社会繁荣，可见简化字对推进现代化未必有功效。这样
　　 的说法是不是有道理？ ………………………………………… 82
　6. 有人说：学简化字不利于继承传统文化，学繁体字有利
　　 于继承传统文化。这话有道理吗？ …………………………… 83
　7. 有人说：简化字无字理，繁体字有字理。这话对吗？ ……… 85
　8. 海内外有那么多人长期以来一直"坚持不懈"地批评简
　　 化字，总不能说简化字完美无缺吧？它究竟有哪些可改
　　 进之处？ ………………………………………………………… 87
　9. 简化字既然确实有可改进之处，是否可以修订一下，使
　　 它更加合理化一些？ …………………………………………… 90
　10. 什么叫"识繁写简"？怎样看待"识繁写简"的提法？ ……… 92
　11. 简化字的前途究竟如何？ ……………………………………… 96
　12. 有人说：外国人写汉字，只要写对就行了，不要管他笔

顺和写法。这话对不对？ ……………………………… 98
13. 什么是"火星文"？它是怎样流行起来的？应当怎样看待
 它们？ …………………………………………………… 101
思考与练习 …………………………………………………… 103
参考文献 ……………………………………………………… 104

## 第五章 词汇规范问题 ……………………………………… 105

1. 现代汉语普通话的词汇规范有没有比较具体而明确的标
 准？ ……………………………………………………… 105
2. 既然现代汉语词汇难以提供规范标准，那么现代汉语词
 汇还有规范吗？ ………………………………………… 108
3. 既然《现代汉语词典》和《现代汉语规范词典》在词汇
 规范方面有较高的权威性，那为什么不能把它们作为规
 范标准呢？ ……………………………………………… 109
4. 在海外进行汉语国际传播，常常会遇到大陆没有而在当
 地流通度很高的"华语词"，还有与大陆同义异形的词
 语，因此感到《现代汉语词典》也不够用，这个问题应
 当怎样对待？ …………………………………………… 110
5. 《全球华语词典》是怎样一部词典？它有什么用途？ …… 111
6. 《全球华语词典》究竟有哪些编纂特色，居然会有这么多
 的用途？ ………………………………………………… 111
7. 从《全球华语词典》来看，词汇规范的尺度比原来宽松
 多了，那么在对外汉语教学中还要坚持词汇规范的原则
 吗？ ……………………………………………………… 114
8. 《全球华语词典》的"特有词语"是否相当于大陆学界所
 说的"异形词"？ ………………………………………… 117
9. 为什么中国大陆要整理异形词语？其他华语社区就不需
 要了吗？大陆语言学界是怎么做的？ ………………… 119
10. 异形词规范与对外汉语教学有重要关系吗？ …………… 121
11. 如果《大纲》不能作为异形词规范标准，那么在对外汉
 语教学中该怎样把握异形词规范呢？ ………………… 123

12. 外来词的一词多形现象也不少，应当怎样对待？ …………… 124
13. 什么是字母词？字母词是不是外来词？字母词需要规范吗？对字母词使用有没有明确的规定？ …………… 126
14. 国家广播电视总局和新闻出版总署曾下发过有关禁止使用字母词的通知，并且引发了热议和批评。应该怎样看待此事？ …………… 129
15. 两个通知有"不能使用""禁止使用"的字样，是否意味着字母词今后就不能用了呢？后一通知又强调要"规范使用"外国语言文字，似乎互相有点抵牾。应该怎样使用外国语言文字才合乎规范呢？ …………… 131
16. 字母词和对外汉语教学有没有关系？在对外汉语教学中，应当怎样恰当处理字母词问题？ …………… 133
17. 什么是网络语言？网络语言要不要规范化？网络语言和对外汉语教学有没有关系？ …………… 134
18. "给力"是不是网络词语？如果是的话，是否可以说某些网络词语也有巨大的表现力和生命力，从而成为通用词语呢？"给力"一词可以在课堂上讲授吗？ …………… 139

思考与练习 …………… 141
参考文献 …………… 143

## 第六章 语法规范问题 …………… 145

1. 现代汉语语法规范的标准是什么？应该怎样理解和实行这个标准？ …………… 145
2. "语法系统"和"语法体系"是不是一回事？我们在教学中对外国学生提出的疑问，用现行的教学语法体系解释不了怎么办？ …………… 148
3. "语言习惯"和"语法规范"有关系吗？ …………… 150
4. "语言习惯"更接近于语法的"客观规范"，这个说法很新鲜，能举出一些实例吗？ …………… 151
5. 语言习惯问题与对外汉语语法教学有关系吗？ …………… 153
6. 普通话定义中"典范的现代白话文著作"的"典范"如

何理解？能否为我们列一份典范著作的清单？在写作大众化的当今，典范作品的规范作用是否已经过时了？ ……… 155

7. 新时期以来汉语语法有哪些变化和发展？其中有哪些可以成为新的语法规范？ …………………………………… 157

8. 语法变化中的是是非非如此复杂，专家们在分析评判时似乎也很不容易，对外汉语教学有讲的必要吗？ ……… 161

9. 评判语法变化的是非，有哪些可以依循的原则？ ……… 162

10. 据说，新时期中国文学界曾兴起文学语言"反规范"的浪潮，这是怎么一回事？文学语言是"反规范"的语言吗？"反规范"的主张行得通吗？ …………………… 166

11. 什么是中介语？中介语有哪些特点？中介语同规范化有关系吗？ …………………………………………………… 169

12. 什么是"杂菜式华语"？"杂菜式华语"能成为语言规范吗？应当如何对待"杂菜式华语"？ …………………… 171

13. 什么是"淘宝体"？它是怎样流行起来的？ …………… 173

14. 什么是"凡客体"？它是怎样流行起来的？ …………… 176

15. 什么是"言语行为规范"？请结合"淘宝体""凡客体"具体解释一下。 ……………………………………………… 180

16. "凡客体"侵权了吗？有那么严重吗？ ………………… 185

17. "淘宝体"和"凡客体"涉及这么多有趣的话题和内容，对外汉语教学中可以讲一些吗？ ……………………… 189

思考与练习 ………………………………………………… 191

参考文献 …………………………………………………… 193

**后记** ……………………………………………………… 194

# 第一章
# 绪论：汉语规范化的概念和意义

【内容简介】 汉语规范化在对外汉语教学中具有重大意义。语言文字的统一是国家"软实力"强大的表征。教普通话和规范汉字事关《国家通用语言文字法》的贯彻执行。少数民族语言文化和方言文化需要保护，但与在社会层面推行使用国家通用语言文字可以并行不悖。"方言优越感"是一种过于褊狭的语言文化心理，不利于地方经济文化的发展，应当加以克服。对外汉语教学应当坚持国家规定的教学标准，不可因学生达标有困难而放松标准的尺度。但规范标准在世界各地的华语社区也可以有一定的"弹性"或"宽容度"，以便当地的学习者学习和接受。

## 1. 什么叫"汉语规范化"？

答："汉语规范化"指确立汉民族共同语的地位，制定并推行汉民族共同语的规范标准，使全体民众的交际话语趋于统一的一系列活动和过程。在社会语言学中，关于语言规范化的研究属于"语言规划"（Language Planning）的范围。在多种语言和方言并行的国家或社区，确立一种（或几种）语言或权威方言作为大家共同使用的官方语言或民族共同语，并制定相应的规范标准以利于推行，这些都属于"语言规划"的工作。在中国语言规划工作中，一般不使用"官方语言"这一名称，而用"通用语言"。现代汉语是现代汉民族的共同语，也是全国56个民族共同交际时使用的"通用语言"。它的规范形式就是普通话,标准字体就是规范汉字。2000年10月31日第九届全国人民代表大会常务委员会第十八次会议通过的《中华人民共和国国家通用语言文字法》规定:"本法所称的国家通用语言文字是普通话和规范汉字","国家推广普通话,推行规范汉字"。可见,普通话和规范汉字既是国家法定的汉民族共同语的规范标准,也是全国各民族的通用语言文字。推广普通话、推行规范汉字是国家行为。

## 2. 汉语规范化真的有重大意义吗?

答:这确实是很多人经常产生的一个疑虑:说话写字不过是个人习惯和个人爱好,用得着国家法律来规定、国家行为来推动吗?他们说:除非你能真正把汉语规范化的重大意义说得使我信服,不然我就仍要如何如何。这样想问题的人,可能都是特别爱好家乡方言的人。他们这是从个人角度看问题,属于"小道理"。如果从国家角度看问题,谈"大道理",汉语规范化当然意义重大,而且深远。

首先,语言文字的统一是国家"软实力"强大的表征。现在中国人都希望中国强大,希望看到中国实力增强。但强国的建成不仅需要"硬实力",也需要"软实力"。所谓"硬实力",指经济、军事、技术等方面表现的力量;所谓"软实力",通常指语言、文化、思想、教育等方面所包含的力量。前者具有外显性,容易看到;后者具有隐含性,往往不易使人觉察。但软实力其实是一种更吸引人的文化魅力。软实力强,会使世人"欣然向风",愿意接受该种语言文字。历史上周、秦、汉、唐等强盛时代,不仅硬实力强,软实力也强,以至周边民族或国家或者同化融入华夏汉族,或者借用汉语汉字并学习中国文化,甚至形成过包括日本、朝鲜半岛和越南等地区在内的"汉字文化圈"。毫无疑义,语言文字具有统一的规范,不仅便利本国人民,也给外国人提供了学习、使用的方便,使他们乐于学习和使用。上述几个时期不仅在语言文字的统一规范方面有过举措,而且都切实收到了"软实力"增强的效益。

其次,汉语规范化对于国家的经济发展也有推动作用。古代的自然经济活动范围小,对语言规范化的要求不高;而现代的商品经济则不然,它是远距离的流通活动，产品销售得越多越远，效益就越好。可是经济活动需要语言联系，需要洽商谈判。双方语言一致，便于沟通，就容易成功；反之就不易成功。改革开放之初，很多南方方言区的老板不会普通话，不得不叫家里刚学了一点儿普通话的子女代打电话同北方的商家谈生意，困难可想而知。香港回归后，普通话学习在当地升温，有不少香港商人还曾特地到北京参加普通话培训班。上世纪90年代初，浙江舟山市普陀区一个代表团出国招商，但他们的普通话水平太差，竟无法让当地华侨听懂，严重影响了招商工作的进行。这里的根本道理就在于语言是社会交际的工具，并非一般的仅限于个人范围的习惯和爱好。

第三，汉语规范化是建设现代和谐社会的需要。中国幅员广大，人口众多，民族成分复杂，方言分歧严重，各地方、各民族都有自己的文化风俗习惯，城乡之间、各地区之间发展程度不一致，各阶层、各行业都有自己的利益所在，于是便容易发生各种各样的矛盾冲突。而和谐社会必须承认差别、协调矛盾、克服冲突、和衷共济，这就需要用语言文字统一思想、沟通认识、增进理解。如果没有全社会共同使用的国家通用语言文字，社会管理将无法进行。有一个真实的事件：上世纪90年代，海南省的一位干部到北京向领导机关汇报工作，很多人来听，可听了两个多钟头居然没有听出一点意思来。为什么呢？就是因为这位干部说的不是真正的普通话，而是乡音极重的"海南普通话"，外省人听起来等于"鸡同鸭讲"，根本不懂。现在在南方方言区，情况可能稍好一些，但仍没有根本改观。我们在电视屏幕上经常看到有些群众甚至当地官员，面对采访记者的麦克风说出的还是一串土话，你要听懂就必须看字幕。汉语规范化，在口语这个层次，还是任重而道远。

## 3. 现在不是要保护少数民族语言文化吗？为什么还要强调使用国家通用语言文字？

答：这个问题中的时间词"现在"用得不准确。我们国家是一个统一的多民族国家，各民族统称为"中华民族"。汉族是主体民族，超过总人口的9/10；少数民族，按已经确认公布的，是55个，但人口不到总人口的1/10。中华民族是一个大家庭，中华文化是这个大家庭的各成员共同构建的。各民族间在法律上是平等的,好像兄弟一样,所以向来互称"兄弟民族"。只是少数民族人口既少,又多生活于环境较差的边远内地或偏僻山区,与汉族相比,经济、文化相对不发达,处于弱势,因此我们国家对于少数民族向来是保护和照顾的;对于他们的语言文字,向来是保护和扶植的,不是"现在"才要保护。新中国成立后,国家不仅帮助许多少数民族保护和发展了自己的语言文字,还帮助不少无文字的民族创制了自己的文字,就是明证。

不过,说"现在要保护",可能也不是没来由的话头。这是因为在世界走向现代化的进程中,国内外许多有识之士发现,许多人数较少的民族已处于急遽萎缩的濒危状态中,不少民族的语言文化业已消亡或消亡指日可待,无可挽回。人类学家认为,人类社会多样化的语言文化就像生物种类多样化的遗传基因一样,是弥足珍贵的财富,少了一种语言文化就像少了一个物种,是人类文明不可弥补的损失。而人类文化必须多元并存才能取长补短、和谐发展,少数几种甚至一种语言文化独步世界肯定是不正常、无益于人类发展的。自 1992 年以来,国际语言学界已多次举行专门会议研讨濒危语言问题,联合国教科文组织也采取了许多重要的行动和措施来保护、抢救及记录濒危语言。这是一个世界性问题,中国当然不可能例外。详情可参阅徐世璇的《濒危语言研究》(中央民族大学出版社,2001 年)一书。

其实,尊重和保护少数民族语言文化乃至抢救濒危语言,同在中国少数民族地区推行国家通用语言文字并不矛盾,而是相辅相成、并行不悖的两件事。二者都是国家法律和政策范围内的事,不应把二者孤立、对立起来,看作水火不容的事。

## 4. 少数民族语言文字和国家通用语言文字如何并行不悖?能否具体说说?

答:可以。比如《中华人民共和国国家通用语言文字法》第八条特别规定:"各民族都有使用和发展自己语言文字的自由。"这就保障了少数民族语言文字在民族聚居区域的使用。又规定:"少数民族语言文字的使用依据宪法、民族区域自治法及其他法律的有关规定。"除了宪法、民族区域自治法规定了各民族语言文字的平等原则外,许多民族自治区域还制定了具体实施这一原则的有关法规。比如《西藏自治区学习、使用和发展藏语文的规定》①的条文:

第二条　自治区坚持各民族语言文字平等的原则。维护语言文字法制的统一。

各级人民政府应当重视和加强学习、使用和发展藏语文工作。

第三条　自治区各级国家机关在执行职务时,藏语文和国家通用语言文字具有同等效力。

第四条　自治区各级国家机关的重要会议、集会,同时使用藏语文和国家通用语言文字或者其中一种语言文字。

自治区企事业单位的工作会议,根据需要使用通用的一种语言文字或者两种语言文字。

各级国家机关的普发性文件应当同时使用藏文和国家通用文字。

第五条　自治区各级司法机关在司法活动中根据需要使用当地通用的一种语言文字或者几种语言文字,保障各民族公民使用本民族语言文字进行诉讼的权利。

第六条　义务教育阶段,以藏语文和国家通用语言文字作为基本的教育教学用语用字,开设藏语文、国家通用语言文字课程,适时开设外语课程。

第七条　自治区应当采取措施,扫除藏族公民中的中青年的藏文文盲。

第八条　自治区鼓励和提倡各民族相互学习语言文字。

藏族干部职工在学习使用藏语文的同时,应当学习使用国家通用的语言文字;汉族和其他少数民族干部职工也应当学习使用藏语文。

---

① 1987年7月9日西藏自治区第四届人民代表大会第五次会议通过,2002年5月22日根据西藏自治区第七届人民代表大会第五次会议相关决定修正。见《国家语委"语言文字依法管理工作现场会"文集》,教育部语言文字应用管理司编,上海人民出版社,2008年。

又如《新疆维吾尔自治区语言文字工作条例》<sup>①</sup>的有关规定：

> 第七条 自治区的自治机关执行职务时，同时使用维吾尔、汉两种语言文字；根据需要，也可以同时使用其他民族的语言文字；自治州、自治县的自治机关执行职务时，在使用自治区通用的维吾尔、汉语言文字的同时，使用实行区域自治的民族的语言文字，也可以根据需要，同时使用当地通用的其他民族的语言文字；同时使用几种语言文字执行职务的，可以以实行区域自治的民族的语言文字为主。
>
> 第八条 机关、团体和事业单位的公章、门牌、证件和印有单位名称的信封，以及自治区境内上报下发的各种公文、函件，都应同时使用规范的少数民族文字和汉字。发行的学习材料和宣传品应根据需要，使用当地通用的一种或几种文字。
>
> 少数民族文字、汉字同时使用时，应当大小相称，用字规范，其排列顺序按照自治区人民政府有关规定执行。
>
> 第九条 公共场所、公用设施以及从事公共服务，凡需要使用文字的名称标牌、公益广告、界牌、指路标志、交通标志和车辆上印写的单位名称、安全标语，区内生产并在区内销售的产品的名称、说明书等，都应当同时使用规范的少数民族文字和汉字。
>
> 第十条 机关、团体、企业和事业单位召开会议，根据与会人员情况，使用一种或几种语言文字。重要会议的会标应当同时使用少数民族文字和汉字。
>
> 第十一条 机关、团体、企业和事业单位，在招生、招工、招干和技术考核、职称评定、晋级时，必须同时或分别使用当地通用的少数民族语言文字、汉语言文字，应考人员或参与人员可以自愿选用其中的一种语言文字。国家或自治区另有规定的除外。

可以看出，上述两个法规，既体现了民族平等原则，又顺应了民族自治区域的特殊需要，保障了少数民族的语言文字权利，同时也保证了

---

① 1993 年 9 月 25 日新疆维吾尔自治区第八届人大常委会第四次会议通过，2002 年 9 月 20 日根据新疆自治区第九届人大常委会第三十次会议的有关决定修正。收载文集同上页注①。

国家通用语言文字的使用。条文如此规定，实际上也是这样做的。国家通用语言文字和少数民族语言文字基本上是和谐相处，并行不悖的。与此相应的是，在义务教育阶段，对于有自己文字的少数民族，在学校里实行的也是双语教育，即既教少数民族语文，也教汉语文，努力培养具有双语能力的人才。有关调查表明，双语教育在少数民族地区很受欢迎，能开展双语教学的学校，生源普遍旺盛。

## 5. 国家为什么不立法保护方言呢？方言就不需要保护吗？

答：与通用语言相对应，方言有自己独特的交际价值和文化价值。方言是民族语言的地域分支，任何语言都具体表现为地域方言，因此它是地方民众日常习用的交际话语，具有区域性的交际价值；语言和文化密不可分，中华文化有相当一部分是由方言保存和传承的，因此方言有通用语言不可替代的文化价值。国家立法推广普通话，并不是要禁止使用方言，更不是要消灭方言，而只是限定方言的使用范围，强调在教学、宣传、公务等场合使用普通话，不用或少用方言，这就从政策上给方言留下了广大的生存空间和活动范围。这样既可满足地方民众日常交际的需要，又可保障地域方言文化的传承，因此没有必要格外立法保护方言。况且在南方方言复杂地区，方言仍然根深蒂固，对普通话形成顽强的抵抗。如果再立法保护方言，就同《国家通用语言文字法》相矛盾，为推广普通话培植起了新的阻力，这是不可取的。

从推广普通话的角度看，当前乃至今后很长一个时期的主要着眼点依然是消除各地民众的"方言优越感"。"方言优越感"不同于喜爱家乡话的语言感情，而是这种感情极端化形成的一种语言错觉。其表现出的特点是：（1）自大感：方言就是好就是好，普通话有什么了不起？我不学你又能怎样？（2）狭隘性：任你国家大政、千年大计，我固守一"语"已经够用，那些远大使命与我何干？（3）封闭性：不仅排斥通用语言，也排斥所有其他方言。（4）敝帚自珍：不断发掘"土得掉渣"的方音土语，编成节目或用在文章中，在大众传媒上加以炫耀。方言优越感不仅南方人有，北方人（包括北京人）也有。20世纪90年代夏鸿先生写过一篇文章

《可怕的方言优越感》①，就以北京和广东为例。方言优越感往往伴随着地方优越感。北京是政治文化中心，广东邻近香港，且为改革开放风气之先锋，上海为国际化大都市，苏杭向有"天堂"之称，西安为古都之冠，武汉为九省通衢……地方优越感源于别地所不具备的优点或特点，哪怕再小的地方都可以找出这样的优点或特点，如果以此为热爱乡土的理由，当然无可厚非，但如果连同当地的方言也一并视为优点或特点而形成"优越感"，就有可能使自己成为"夜郎国人"。在这样的前提下谈保护方言，保护到哪一级为好呢？大方言区？还是方言片、小片，乃至方言点？根本无法运作。每个方言点都可以找出需要"保护"的理由，类推下去的话就可能取消普通话的推广。

更重要的是，方言优越感还可能影响到文化和经济的发展。因为文化和经济的发展需要不断创新，创新的力量来自对全国乃至国际长远发展的认知。然而方言优越感以及地方优越感具有一种疏离、排斥主流文化，无视世界潮流的狭隘心态和保守倾向，使持有者缺乏深厚的文化底蕴和强大的创新力量，其产品难免带上急功近利的小家子气。方言小品和方言节目在电台、电视台已热播多年，始终未能摆脱聊博一粲的文化浅薄，从未见有什么大气的作品推出。上述夏鸿先生的文章指出：这种文化浅薄"同样会使经济发展缺乏后劲"。他以当时的广东为例：该省工业产品主要是轻工业的消费品，高技术产品企业年产值仅占全省工业总产值的2.7%，高技术产品出口也只占全省出口的1.9%，其科技潜力指数为0.62，远低于北京、上海。夏先生指出了经济问题同语言文化心态之间的关联，这是很有见地的。二者之间的共现关系可能并非偶然，是可以使人深长思之的。

最近几年，有些地方的学者或文化工作者以某些方言文化缺乏传承力为由，提出"复兴方言文化"的口号。从保护地方语言文化资源的角度来说，他们的意见应当受到重视，但这和立法"保护方言"不是一回事，不能混为一谈。

---

① 见1995年8月1日《北京青年报》。

## 6. 汉语规范化同对外汉语教学有关系吗?

答：当然有，而且有非常密切的关系。前面讲的多是国内问题，之所以没有一开始就讲对外汉语教学同规范化的关系，是因为国内问题是基础和背景，对外汉语教学是国内语言文字教学的扩展和延伸，首先必须明确在国内应该做什么和怎样做，然后才能明白对外应该做什么和怎样做。

作为对外汉语教学工作者，首先要明确的是自己的身份、责任和使命。"对外汉语教学"，现在又有一个叫法——"国际汉语教学"。前者明确标示了它立足于国内的"对外"性质，后者从语言规划角度用"国际"冠名，表明它是国内的汉语教学向国外的延伸。语言教学离不开教学标准。对外汉语教学工作者身份是教师——当外国人的老师，责任是教外国人学汉语。但这一工作的意义并非仅此而已，我们还肩负着一项光荣而伟大的使命，就是为世界各国建造通向中国的友谊之桥，使中华文化更好地融入世界多元文化之中。我们能够获得这样的工作机会，是改革开放以来中国综合国力增强、汉语地位提升、国际上对汉语的需求急速增长的结果。联合国《2005 年世界主要语种分布与应用力调查》公布，2005 年汉语已超过德语，排在十大语言的第二位。2006 年 3 月 13 日，英国文化协会公布了该协会委托英国语言学家、全球英语顾问 David Graddol 撰写的报告《English Next》（《英语走向何方》），其中指出：在应聘跨国公司和国际组织时，来自中国等其他国家的那些掌握多种语言的年轻人比只会英语的英国人具有更大的竞争优势；中文在亚洲、欧洲以及美国，正成为一种新的必须掌握的语言。[①] 国际上强大的需求正是中国进一步提升"软实力"的良好契机。汉语国际推广已成为中国国家文化战略的重要组成部分。2004 年，中国启动了"汉语桥"工程，其重要项目之一即在国外建设由中外双方院校合办的孔子学院。同年 11 月 21 日，全球第一所孔子学院在韩国首尔挂牌。截至 2011 年 8 月底，已建立

---

① 中国语言文字网 2006 年 3 月 16 日转载中新网消息《英国报告指出：中文正成为一种必备的语言》。

353所孔子学院和473个孔子课堂,共计826所,分布在104个国家和地区,发展速度令人惊叹。近代以来中国几代人的"强国梦"将在我们这一代成为现实,而向国外传播汉语汉文化的工作又使我们站在了强国工程的前沿。我们非常幸运,也有充分的理由自豪。那么,我们怎样才能做好这项工作呢?充实自己的汉语知识,提高自己的教学技能,当然是很重要的一环,然而更重要的是站在国家的立场上,执行《中华人民共和国国家通用语言文字法》及有关汉语规范化的其他法令、法规和标准。

《中华人民共和国国家通用语言文字法》第二章"国家通用语言文字的使用"第十条规定:"学校及其他教育机构以普通话和规范汉字为基本的教育教学用字。……使用的汉语文教材,应当符合国家通用语言文字的规范和标准。"这是针对国内教育教学而言的。第二十条又规定:"对外汉语教学应当教授普通话和规范汉字。"可见,对外和对内的汉语教学在规范化方面的标准是一致的。

由此也可以推知,在对外汉语教学中教授普通话和规范汉字,既是我们工作的入门条件,也是我们工作取得成效的首要一环。

## 7. 教外国人说汉语,教学标准可以降低一些吗?

答:这是对外汉语教学工作者经常发出的疑问,也是教学研讨中经常提到的问题。不过提问者的出发点因人而异,应该区别开来分析。

一种提问者是已经获得对外汉语教师资格证书,或虽未获得该证书但经过系统的专业学习,胜任对外汉语教学工作的人。他们看到有些外国人学汉语太吃力,产生了同情心,心想对外国人不能和中国人一样,反正他们也达不到标准,不如放宽些算了。这种情况并非是否教授普通话和规范汉字的问题,而是教学中宽严尺度的把握问题。对此我们的看法是:首先,标准还是应当坚持的。"取法乎上,仅得其中;取法乎中,仅得其下。"坚持标准尚且不一定能达到目标,放宽标准会变成没有标准,后果将无法想象。其次,外国人学汉语并非一定就学不好,很多外国人甚至学得比有些中国人还好。教师应当有信心、有耐心,只要坚持标准,那些进步较慢的学生也会跟上来,即便一部分学生达不到优秀也是正常的,但不能见到有的学生一时不达标就降低教学标准。

第一章 绪论：汉语规范化的概念和意义

另一种提问者是没有经过系统的专业学习，或虽有专业学习的经历却尚未纠正方言口音，普通话说得不标准的人。他们觉得教外国人学汉语就是教他们认字看中文，要那么标准的口音干什么？自己口音不正不也一样能读书看报做教师吗？这种说法实际上是文过饰非。口音不正，自己读书看报固然可以，但教他人尤其是外国人学汉语，就会把个人的错误口音传给他们，本是谬种却要流传怎么行？现在国外汉语教师需求量较大，这种水平的汉语教师还真不少，结果贻害无穷。据说中东的阿拉伯国家某地流行一种山东腔汉语，就是当年山东籍的汉语教师留下的。还有中国西南邻国往往就近聘请中国汉语教师，结果学到的是带有西南官话味道的汉语。令人没想到的是，西南官话居然在俄罗斯也留下了种子：2008年我接受了一位来自俄罗斯中亚地区某大学的俄籍博士研究生，她已经是该大学中文系的汉语教师了，但称呼我"戴老师"时，"戴"用升调，"老"用降调。我问："你什么时间在什么地方学的汉语呀？"她说就是本科阶段在她现在工作的大学学的汉语。我问："教你汉语的老师是四川人吧？"她说："是。"我说："怪不得你的口音像四川人呢！"她说："我现在在我的学校不敢教汉语语音课。"我就鼓励她趁在哈尔滨读博的机会把口音改过来。这些事例足以说明，教师口音不正，后果有多么严重。希望口音不正却正在教对外汉语的人能下工夫把普通话学好了再去教别人，而不要借口"宽大"自己，误人子弟，那样也会损害对外汉语教学事业。

还有一种提问者是专家学者。他们认为，汉语传播到世界各地后，受当地语言文化环境的影响，会产生一定程度的变异，如果在国际汉语教学中能够使规范标准有一定的"弹性"或"宽容度"，就可能更便于当地的学习者接受。[①] 这个意见很有价值。但同前面所说的改变或降低教学要求的情况不同，它涉及的是规范标准的刚柔度和包容性问题，我们打算在下一章中再谈。

---

① 陆俭明《汉语走向世界与"大华语"概念》，收载于陆俭明《作为第二语言的汉语本体研究》，外语教学与研究出版社，2005年。

## 思考与练习

1. 通读《中华人民共和国国家通用语言文字法》，谈谈《通用语言文字法》对对外汉语教学的指导意义。

2. 其他国家有类似中国"孔子学院"这样的语言推广机构吗？你知道哪些？

3. "孔子学院"为什么用"孔子"命名？谈谈你的理解。

4. 教外国人汉语，已经有"对外汉语教学"这个名称了，现在又使用"国际汉语教学"这一名称，你能说说名称变化的原因吗？

5. 国际汉语教学如果不贯彻汉语规范化的要求，会产生什么样的结果？

## 参考文献

1. 戴昭铭（2007）全球汉语时代的文化问题和规范问题，《南开语言学刊》第1期。
2. 《国家语委"语言文字依法管理工作现场会"文集》，教育部语言文字应用管理司编，上海人民出版社，2008年。
3. 李宇明（2009）信息时代的语言文字标准化工作，《语言文字应用》第2期。
4. 谭慧敏主编（2006）《汉语文走向世界》，（新加坡）南洋理工大学中华语言文化中心。
5. 《中华人民共和国国家通用语言文字法》，收载于《语言文字规范手册》（第4版），语文出版社，2006年。

# 第二章 汉语规范化的理论问题

【内容简介】 对外汉语教学要教学生掌握规范的汉语，教师应当具备汉语规范化的理论修养。语言符号的任意性决定了语言变异和变化的绝对性和普遍性。语言变异形式的价值有积极的，也有消极的。语言规范是从多种变体中选出的比较好的、功能上较为合适的变体。规范需要相对的稳定性，但由于语言总是要变化发展的，因此语言规范也要随着语言的发展不断汰旧更新，不能一成不变。僵化陈旧的语言规范会束缚并阻碍语言的发展。建立动态规范的观念是十分必要的。规范汉语在大陆、港台和海外分别有"普通话""国语""华语"等不同名称。"大华语"指以普通话为基础的、在规范标准上有一定弹性和宽容度的汉民族共同语。树立"大华语"的观念有助于汉语的国际传播。但从事汉语国际传播既要有宽容的、弹性的"大华语"观念，也要坚守普通话的基本规范标准，不应该"入境随俗"地完全使用当地华语的本土标准进行教学。

## 1. "对外汉语教学"执行国家制定的规范标准就可以了，还要掌握关于规范化的理论吗？

答："对外汉语教学"，从表面上看，就是把教材里的汉语知识传授给学生，是一般的教学实践而已，似乎不需要什么深奥的理论。实际上，任何实践都需要理论的指导。有了理论的指导，可以使我们的教学实践更合乎科学规律，更加有效率。没有理论知识，盲目实践，不讲规律，只知道"想当然"地去干，必然事倍功半，甚至误入歧途。因此，对外汉语教师要注意学习理论知识，不仅要学习汉语结构的理论、第二语言习得的理论、跨文化交际的理论、教学法的理论，还应当学习语言规范化的理论。

至于国家制定的标准，也是多种多样的。规定的对象不同，性质也不同。有的标准属于刚性标准，比较明确，容易把握；有的标准只是宏观的、指导性的标准，属于柔性标准，不大容易准确把握。针对技术和技术产品所制定的标准，一般都是刚性标准；针对文化产品所制定的标准，一般都是柔性标准；针对语言文字使用所制定的标准，大多数是柔性标准，只有少数是刚性标准。这种情况是由语言文字本身的特殊性和使用情况的复杂性决定的。比如，针对语音和文字的标准比较明确，带有刚性，比较容易执行，但词汇和语法则不然，一是本身复杂，二是使用中又千变万化，因此不可能做出像语音、文字那样明确的规定，只能有个宏观的、指导性的、柔性的或推荐性的标准。这样的标准，单有执行愿望是解决不了问题的。因为所谓语言规范，只是多种可能的语言变体中从功能上看比较合适的变体而已。遵守词汇规范或语法规范，就是要从多种多样的词汇使用或语法使用的可能性中选取其中更为合适的一种。既然国家不可能明确规定每句话怎样用词、怎样使用语法，那就得凭我们自己的语言能力来判断是非，决定弃取。这种语言能力是一种综合的语言修养，它包括对语言文字的知识修养，也包括对语言文字产品（言语作品）合乎规范与否的判别能力。这种判别能力需要以一定的语言规范理论为基础。不具备一定的语言规范理论修养，面对形形色色的语言变体，往往会不知所措，莫衷一是；面对花样翻新的中介语或语言偏误，我们顶多能知道应该怎样才好，却往往不知道为什么这样才好，即所谓"知其然而不知其所以然"。

## 2. 什么叫"语言变体"？

答："语言变体"是社会语言学的术语，英文是 Language Variety，指起源上有联系、意义和功能上相同或相近、形式上有差异的一些语言对应单位。这些单位有大有小。大的如地域方言是语言的地方变体。小的可以是词或成语：如"笔画——笔划""浑水摸鱼——混水摸鱼"；也可以是一个语音成分（元音、辅音、声调）或文字：如"阿弥陀佛"的"阿"有人读 ē，有人读 ā；成语"恼羞成怒"，也有人写成"老羞成怒"，"恼""老"的差别实际上是声母读 n 还是 l 造成的；"哈尔滨"的"哈"，本地口语有 hā 和 hǎ 两种声调。再如，同一个字或词，儿化与否、轻读与否，往往因人因地因时而异，也是变体。汉字有繁体、简体、异体、俗体，还有甲骨文、金文、篆文、隶体、楷体、宋体、魏碑体、行书体、草书体等等，都是变体。可见，变体是语言（包括文字）普遍存在的变异现象。"变异"就是变得不同。"不同"主要是从形式上着眼的，包括语音形式和书写形式。外国学生的中介语或语言偏误，也可以看作是在第二语言习得中产生的临时变体。

## 3. 语言的形式为什么会发生变异？

答：语言的变异性是由语言符号的特性——任意性决定的。语言是人创造的声音和意义相结合的符号系统，文字是记录语言的书写符号。符号是由"能指"和"所指"两部分构成的。在语言符号中，"能指"就相当于语音形式或文字的书写形式，"所指"就相当于词语或文字的意义。语言符号具有任意性，即"能指"和"所指"的关系不是必然的，而是人为的、约定俗成的。任意性在语言上的表现之一，就是语言符号的可变性。就是说，同样一种事物或同样一个意思，可能用不同的语音形式或文字书写形式表示。比如，同样指水上的一种运输工具，古代叫"舟"，现代叫"船"；即便是现代通用的"船"这个词，它的读音在不同的方言中也有差异，在书写或印刷时还可以用多种字体，但所指都是一样的东西。可变性是语言符号的重要属性，因此语言的形式总是要发生变异的，会因时、因地、因人而变，不会一成不变。

## 4. 语言变异都是不好的吗？都必须消灭吗？

答：话不能这样说。我们指出语言符号的可变性，只是强调语言变异是绝对的，是普遍存在的，并不是说所有语言变异都不好，都必须消灭。

语言变异的好坏不能简单地一言以蔽之。这个问题应当从不同的角度、在不同的前提下来谈。

从语言交际的角度说,高效率交际的前提是代码的一致性,即交际双方都用同样的语言标准来说话,说互相可懂的话,不然就会造成交际障碍。比如前面提到的"哈尔滨"的"哈"的读音,当一个外省人初次到哈尔滨时,他心目中"哈尔滨"的"哈"只有标准的 hā 这个读音。突然听到很多本地人说 hǎpí、hǎyào、hǎxī、hǎtiě、hǎzhàn 等词,就会不知所云,一头雾水。要听多了才能悟出:原来 hǎpí 就是"哈啤",hǎyào 就是"哈药",hǎxī 就是"哈西",hǎtiě 就是"哈铁",hǎzhàn 就是"哈站"。这就是本地人语音不标准带来的麻烦。同样,外地人到了北京,本以为北京人都说标准的普通话,但当他听到公交车售票员报站说"chóngmén 到了,请下车"时,也会不知所云。原来这是因为北京人说话喜欢"吞音",那位售票员把"崇文门"第二个字的音 wén 给"吞"掉了。像这样的语言变异当然是不好的。这里举的还都是简单的例子,实际上方言差异造成的交际障碍比上述情况严重得多。在文字上,错别字、异体字、乱造简化字、滥用繁体字也经常给交际带来不便。据《人民日报》2007 年 2 月 6 日报道,《咬文嚼字》杂志社在该年年初开展"给商品用字'体检'活动",短短一个月,就检查出 800 多条文字差错,其中有把"鹿茸"变成"鹿葺"、"哈密瓜"变成"哈蜜瓜"、"本草纲目"变成"本草钢目"的。这样的"变异"显然是不能容忍的。

不过,语言中的变异也并不都是消极现象,其中也有大量的积极成分。任何事物都不可能一成不变,总是要发展变化的。假如语言不发展变化,我们现代人就要同古人一样说话写字写文章了,那当然是不可想象的,也是不可能的事。语言是社会上人们用来交际的工具,它是随着社会的发展变化而不断完善自身、实现自身发展的。把现代汉语跟古代汉语对比,我们明显地看到汉语发生了巨大的变化,它变得更适合现代人表达交流的需要了。这种变化是积极的发展变化。然而这样的发展变化不可能在一朝一夕中实现,它是在漫长的历史中积累了无数微小的语言变异造成的。这些语言变异虽然微小,但大都是符合语言发展的方向的,因而也都是积极的、有意义、有价值的。比如现代汉语中"吃了饭""看了电影"一类短语中的"了"(le)是一个表示动作完结意义的动态助词,这个动态助词在古代汉语中是没有的,古代汉语的"了"(liǎo)是个动词,表示"了结、完成"的意思。但现代汉语的动态助词"了"(le)正是古代汉语中动词"了"(liǎo)的变异形式。当然这个变异的形成也是一个渐变的过程,一开始是不知不觉的,现在变化已经实现,连不识字的人也把"吃了饭""看了电影"的"了"说成 le,不说成 liǎo。但动词的"了"(liǎo)仍然存在于现代汉语中,"没完没了"的"了",大家仍然说 liǎo。就是说,人们在潜意识中已经把"了"(le)和"了"(liǎo)当作两个不同的语言单位了,让它们各司其职,互不干扰。假如现代人不能区分,仍把助词"了"(le)读成 liǎo,听起来就觉得别扭。这样的变异体现了语言的发展,便利了语言的使用,就应当看作是好的变异形式。

当代的汉语仍然在发展,仍然会出现很多变异形式。对于各种变异都应加以分辨,慎重判定其价值,不宜随意地加以否定,也不宜轻易地肯定。不过,对于外国学生在学习汉语中出现的"变异"形式,还是应当纠正,因为它代表不了语言发展的方向,而且,假如不及时纠正,这些"变异"就会固化、僵化,不利于学生学习规范的汉语。

## 5. 规范化不是要维持语言使用标准的稳定吗?为什么还要谈语言的变异和变化?

答:说"规范化就是要维持语言使用标准的稳定",是对规范化的一种不完整的理解。从字面上看,"规范"的含义接近于"标准","语言规范化"似乎就是要使人们的语言使用合乎标准。这个标准是规定性的。强调规范化,就是要维持语言使用标准的稳定。这样的理解,在一定意义上可以说并不错。语言教师和做语言文字工作的人,遵守规范、维护标准,正是他们工作职责的一部分。从社会交际角度看,既然交际的达成前提是代码的一致,那么语言使用标准的相对稳定是有利于交际效率的提高。但这只是问题的一个方面。从另一方面看,语言的稳定、语言使用标准的稳定,都只是相对的、理想的状态,而语言的变异、变化和发展,倒是具有绝对性的、无时无地不存在的真实状态。对于语言这种具绝对性质的真实状态,不是要不要谈的问题,而是必须看到,并且认真对待。如果对语言的变异、变化和发展视而不见，只是一味地强调维护语言使用标准的稳定，那么语言的规范和标准就会变成对语言发展的束缚。无论对语言本身，还是对社会交际，这都是不好的。

## 6. 维持语言使用的稳定真的会束缚语言的发展吗？

答：语言的规范和标准在一般情况下是需要维持的。特别是在语言教学领域，如果不强调对语言的基本规范和核心标准的维持和遵守，而是一味地去追新逐异，就会造成教师无法教、学生也学不好的后果。我们所说的"维持语言使用的稳定"，不是指对语言规范和标准的必要的维持和遵守，而是指不顾语言发展的事实，对于陈旧过时的规范标准的过度维持。过度地维持一种陈旧过时的规范标准，会对语言发展形成束缚，这在古今中外的语言发展史上都不乏其例。人们把这种做法叫做"语言纯净主义"。在语言纯净主义者看来，语言的任何变异和变化都是语言的污染、衰退或腐败，必须与之做持久不懈的斗争并加以清除，从而维持语言"经典的""古已有之的""优雅的"这一标准状态，这种标准是古代那些被认为是语言大师的著名作家奠定下来的，后人只能亦步亦趋地遵守。这样的观念和做法必然会与鲜活的、蓬勃发展的语言使用现实发生冲突，结果往往不仅是成为语言发展的束缚，对正常语言生活造成伤害，而且会对社会发展构成阻碍。比如中国封建社会后期的文言文就是这样。

"文言"是中国上古时代的书面语。流传到后代而保存下来的，多是一些有价值的经典作品，承载着中国历史悠久的传统文化。在长期的写作实践中，"文言文"形成了自己一套严格的规范准则。后代的学子通过诵读经典，熟悉了这套规范准则，也按照古人的规范进行写作。他们写出的"文言"作品其实是"仿文言"。由于"仿文言"同"文言"使用同一套规范，因此一般情况下把它们统称为"文言文"。上古的文言与当时的口语在形式上还是很接近的，但是，成为经典以后，它的形式就固化了，而后世的口语却一直按照自己的逻辑不断向前发展。后代的文人说的是当时的口语，写的却是"仿文言"，于是就形成了"言文分家"的格局。到了宋元时代，由于市井文学的兴起，产生了一种在当时说书人的"话本"基础上形成的叫做"白话"的新的书面语。"白话"接近口语，并且随着口语的发展而日益成熟完善，到了明清时代，出现了大量精美的白话章回小说，其代表作就是今天已成为"经典"的《水浒传》《西游记》《红楼梦》等名著，此时"文言文"的规范已由于日益脱离语言生活而显得更加僵化陈旧了。明清时代的文人完全可以不写文言文而改写白话文，就像当时写白话小说的通俗作家一样。但是那些熟读经典、饱受文言熏陶而又从科举出身的中国士大夫文人却从内心深处鄙视来自下层民间的"白话"，认为那是不能登大雅之堂的东西，不能用来写书信，更不能用来写奏章、著书立说。白话文得不到上层知识分子的支持和扶持，反而备受他们的排斥、歧视和打压，于是他们处心积虑维护的文言规范就成了汉语发展的束缚。特别是到了清末民初，社会变革已势在必行，脱离民众的文言文就成了革故鼎新的障碍。这正是"五四"新文化运动提出"废文言、兴白话"口号的历史逻辑。而文言文被送进历史博物馆，白话文运动最终大获全胜，既是新文化运动的首要功绩，也为现代汉语的发展成长扫清了障碍，解除了束缚。

从以上事例可以看出：语言规范不能一成不变，一成不变的规范会变成过时的、僵化的规范，维持甚至维护过时的、僵化的规范会束缚语言的发展，阻碍社会的进步。我们要讲求语言规范化，但我们不能认为任何规范标准一旦建立都必须永远维护。我们不能树立这种固化的规范观，而应当树立一种动态的规范观。

## 7. 什么是"动态规范观"呢？

答："动态规范观"概括成两句话就是：语言的规范是发展中的规范，语言的发展是规范指导下的发展。这两句话可以分述为以下四个要点：

（1）任何语言都是要发展变化的；
（2）任何语言也都是需要规范的；
（3）但是，语言的规范不能一成不变，是要随语言的发展而发展的；
（4）对语言的发展变化不能听任不管，要用规范来加以约束和指导。

可见，语言的规范和语言的发展具有一种辩证的关系，二者既对立又统一，满足了社会的需要。如果打个比方，二者的关系就像一条蜿蜒前行的河流：语言的发展就像流动的河水，语言的规范就像河床和河岸。

没有水,光有河床和河岸,或者没有河床和河岸,光有水,都不能成为河流。不同的是,河水流动时,是整体一起向前的,而语言尽管也是一个整体,但还可以分析出语音、词汇和语法三个部分。在语言发展过程中,三个部分的发展速度是不一样的:词汇随社会的变化而变化,发展速度最快;而语音和语法就慢得多,尤其是语法,发展速度最慢。另外,语言的记录形式文字,也是比较稳定的,与词汇相比,发展变化的速度也要慢得多。

关于动态规范,我们可以举大家熟知的《现代汉语词典》为例。这部词典就是一部规范性的工具书。它是遵照1956年2月6日国务院发布的《关于推广普通话的指示》,为确定现代汉语的词汇规范而编写的。1965年已经印出"试用本"送审稿,由于"文化大革命"的耽搁,直至1977年底才完成修订工作,于1978年出版第1版。这一年也是国家实行"改革开放"政策、进入新时期的开端。30多年中,中国的社会体制、思想观念、科学技术、文化生活都发生了巨大的变化。这些变化也表现在语言中,尤其是词汇系统中。一些反映旧体制、旧观念的词语过时了,退出交际了;大量表现新体制、新观念、新事物、新现象的词语进入了语言生活;还有一些词语的意义改变了,或者是词义扩大了、缩小了,或者是褒贬色彩改变了;此外,还有一些停止使用很久的词语"复活"了,甚至受到了格外的青睐。为了跟上社会生活和语言发展的步伐,《现代汉语词典》一直在修订,并不断推出新版。"修订工作主要是增、删、改。增,是增加一些新的词语;删,是删去一些过于陈旧的词语及一些过于专门的百科词条;改,是修改那些词语有变化、有发展,在词义和用法上需要改动的词条。此外,对一些异体字和有异读的字,按照国家语言文字工作委员会的规定作了一些改动。"① 到2005年,这本词典已出版了第5版。从收词量看,第1版收词56000余条,第5版收词65000余条,增加约9000条。但若考虑到删除的数量,那么实际增补的词语超过10000条,约占收词总量的1/6。比如从1996年的第3版到2002年的第4版,就增收了新词新义1200余条;其中引人注目的是前所未有地增列了"西文字母开头的词语"(即通常所称的"字母词")一项,收词142

---

① 《现代汉语词典》(第3版),商务印书馆,1996年,"修订说明"。

条。从第 4 版到第 5 版,仅仅过了 3 年,修订的幅度更大,在原有的词语中删去了 2000 余条,另增加了 6000 余条,仅增加的数量就约占收词量的 1/10。固然,第 5 版增收的 6000 余条词不全是因语言变化而产生的新词,其中也有不少原来就存在而因种种原因未收,这次被补收增收了的,不过其中新词还是占了绝大部分。2012 年,本词典的最新版第 6 版又增收新词语和其他词语近 3000 条,增补新义 400 多项,删除少量陈旧的词语和词义,共收条目 69000 余条。从第 5 版起还有一项新变化是在区分词与非词的基础上做了全面的词类标注。总的看来,《现代汉语词典》的修订体现了"与时俱进"的精神,及时追赶现代汉语发展的步伐,合乎广大读者对规范性辞书的新需要,在引导人们正确使用现代汉语词汇方面起到了积极作用,因此它受到了全社会的高度欢迎。《现代汉语词典》可是说是表现"动态规范观"的一个最佳范本,它的规范确实是一种"发展中的规范"。新时期的汉语在"动态规范观"的指导下实现了良性的发展,《现代汉语词典》是有一份功绩的。

## 8.《现代汉语词典》第 4 版"西文字母开头的词语"未收 QQ 这个词,第 5 版中就收了,体现了"与时俱进"的精神,可是为什么没有收 GG、MM 等词语呢?

答:这个问题恰好问到了规范化问题研究的方法论。所谓方法论,指含有一种理论思想的关于研究方法的理论。语言规范化问题研究的方法论,概括成一句话就是"对语言变化的评价和抉择"。语言变化无时无地不在发生,但不是任何语言变化形成的变异形式都能成为规范形式的。语言变异中存在大量临时的、无生命力的、缺少普遍性的甚至错误的形式。规范性词典同一般收载新词语的词典性质不同。一般收载新词语的词典,可以而且应该"有闻必录",见到新词新义就收列,而且唯恐搜罗不齐。但是规范性词典的性质是指导性工具书,其任务是引导人们正确使用语言,如果它也"有闻必录",人们就会把它列出的词语当作规范形式来使用,就会造成误导。为了避免这一后果,规范性词典收词比较谨慎,宁肯慢一步也绝不抢先。但是谨慎仅仅是一种态度,它不是取舍的标准。在形形色色的语言变异面前决定弃取，需要进行科学的研究，通过研究判定语言变异的性质和价值，然后决定弃取。当语言变异形式被判定为有价值的新形式而收列为词目，编写成词条，进入规范性工具书后，就具有了一种"合理"的性质、"合法"的身份，成了新的规范形式，人们也就可以放心地使用了。可见，规范性工具书在建立新规范、促使人们正确地使用语言方面具有重大的影响力。正因为这样，当经过研究认为无须把某种语言变异形式确定为新规范时，它就宁可弃而不取，只有这样才能保证语言的健康发展。

　　问题中所说的 QQ，同 GG、MM 两个词性质不同。QQ 是一种流行的中文网络即时通讯软件的名称，这种软件是一种新产品，只有这一个名称在使用，没有另外的名称；而 GG、MM 是网络词语，是中文词"哥哥、妹妹"的变异形式，网络词语是一种社会方言词，它的使用范围很有限，只是部分青少年网民在网络聊天时使用，社会上并不使用，没有全民性。假如《现代汉语词典》收载了，就等于承认了它们作为规范词语的资格，它们就会同现有的规范形式"哥哥、妹妹"发生冲突，从而引起使用上的混乱。《现代汉语词典》不仅没有收载 GG、MM 两个词，其他网络词语也都没有收载。而 QQ 在网络上尽管流行，但它是作为一种软件名称在被使用，严格地说，它并不是一个网络词语。我想，上述考虑大概是《现代汉语词典》收录 QQ 而不收录 GG、MM 的主要原因。

## 9. 什么叫"普通话"？它和"国语""华语"是什么关系？

　　答："普通话"是现代汉民族共同语、标准语的名称。"普通话"既是针对汉语方言而言的，也是针对历史上规范标准不太明确的"官话""白话"而言的。汉语具有悠久的历史，方言分歧从古至今一直很严重。但是千百年来，它在北方方言（即"官话"）的基础上已经形成了自己的民族共同语——现代汉语。现代汉语要有一种标准形式来代表它的规范，这个标准形式就是普通话。1955 年 10 月在北京召开了现代汉语规范问题学术会议，"普通话"是在这次会议上被确定为现代汉民族共同语、标准语的名称的。当时对"普通话"的定义是：以北京语音为标准音，以北方话为基础方言,以典范的现代白话文著作为语法规范。① 这个定义也是现代汉语规范化的标准。这是一个宏观的、体系性的标准。这个标准的形成及明确提出,标志着现代汉民族共同语的成熟。

"国语"是上世纪初,即清末民初兴起的"国语运动"提出来的。"国语运动"同1956年以后中国大陆的"推广普通话"性质相同,当时的"国语"同后来大陆的"普通话"内涵是一样的,只是没有像"普通话"那样明确规定标准。1945年台湾光复后坚持推行国语,获得了成功。现在,台、港、澳和海外部分华人居住区,仍然通行"国语"这一名称。由于与大陆地域相隔又长期分治,本来内涵相同的"国语"和"普通话"现在已经出现了不少歧异。不过在人们心目中,二者仍然是名异实同的。

"华语"是在海外华人华侨中产生的当地跨方言通用语的名称。中国自明代以后陆续向海外自发移民,特别是改革开放后30多年来出现了持久不衰的"出国热",其结果是目前遍布全球而又相对聚居、人口总数达3000多万的华侨华裔,他们自称"华人",其居住社区为"华社",所创办的学校为"华校","华校"的教师是"华教",华人的音乐叫"华乐",华人所属的种族为"华族",所用的语言文字叫"华语""华文"。我们国内所用的"汉族""汉语""中文",在海外华人社会中基本上是用"华族""华语""华文"来指称的。作为名称,"华语"不仅是用来区别中国大陆的"汉语""普通话"和台、港、澳地区的"国语"的,也是针对海外华族中的强势方言"粤语""客家话""闽语"等而言的。由于"华语"的基础是汉语北方官话,在理论上是以"普通话"和"国语"为指归的,所以它具有超方言的性质,可以作为以方言为母语的社群间的交际语、共同语,它也是一种文化含量较高的、在众多"华校"中学习使用的教学语言和目标语言。不过,由于"华语"广泛分布于世界各地,既受当地华人社群母语方言的影响,又受当地外语的影响,所以尽管可用来互相交际沟通,但内部标准并不一致,不同国家和地区间的"华语"

---

① 准确一点说,这个定义的完整化有两个过程:1955年的现代汉语规范问题学术会议只确定了普通话的内涵是"以北京语音为标准音,以北方话为基础方言",到1956年在国务院发布的《关于推广普通话的指示》中,才加上了"以典范的现代白话文著作为语法规范"一项。

仍有不少差异，特别是在词汇方面。各地华语同"普通话"或"国语"之间的接近程度和相似程度也参差不齐，可以看作普通话或国语的海外变体。尽管如此，毕竟海外广大的华人世界也形成自己的通用语了，这显然大大有利于世界华人的团结凝聚。有鉴于此，代表中国官方的中央人民广播电台1995年10月31日开设了名为《华语世界》的第六套节目，用普通话对海外华侨、华人广播服务。这又说明"普通话"对外就可以称为"华语"。正如周有光先生所说：

> 汉语的共同语，大陆叫它"普通话"，台湾叫它"国语"，新加坡和国外华人叫它"华语"，这三种说法不是相互矛盾的，而是相互补充的。①

周先生的说法，不仅国内外汉语学界都赞同，我想所有华夏子孙也都会赞同。现在，鉴于中国的和平崛起，世界流行"汉语热"，汉语的国际传播适逢良机，有的语言学家提议，把大陆"普通话"、港台"国语"和海外"华语"三个概念整合，统一称为"华语"。这是很有见地的提法。不过，在中国大陆，"普通话"这一名称既已载入《宪法》和《国家通用语言文字法》，骤然改易不大可能。

因此，我们在对外汉语教学工作中，可以完全不必在意叫"普通话"还是叫"国语"或"华语"，这种名称上的差别只有区分汉民族共同语地区变体的作用，并非内涵上的实际对立，相反地，倒有一种互补而显得完整的价值。我们在汉语国际传播工作中，只要心目中明确"普通话""国语"和"华语"名异实同，无论叫什么，都是使汉民族共同语稳步、健康地走向世界的，我们在具体做法上不排斥其他名称就可以了。

## 10. 什么叫"大华语"？它同"华语"是一回事吗？

答："大华语"同"华语"有联系，但不完全是一个概念，不是一回事。主要不同有：

首先，概念和名称的产生方式不同。"华语"这一概念，如前所说，

---

① 周有光《语文闲谈》（上），生活·读书·新知三联书店，1995年。

是在海外华人族群形成过程中自然自发地产生的，也是约定俗成的，其命名并无刻意而为的过程，也找不到命名权的拥有者；而"大华语"这一概念，是陆俭明先生在第三届中国社会语言学国际学术会议（2004年12月18日至20日于南京大学）全体大会上的报告《汉语走向世界与"大华语"概念》[①]中首先提出的，报告中论证了建立这一概念的必要性和意义，陆先生是这一概念的命名者。

其次，概念的内涵不同。"华语"是建立在北方官话基础上，通行于海外华人族群间的通用语；而"大华语"概念的内涵，在上述报告中陆俭明先生定义为：

> 以普通话为基础，而在语音、词汇、语法可以有一定的弹性、有一定宽容度的汉民族共同语。

两个概念的区别在于："华语"所指的着眼点是语言使用者的国别地域（是中国还是海外），而"大华语"所指的着眼点则是标准的弹性和宽容度（高标准的是普通话，有弹性标准和宽容度的是"大华语"）。这样，两个概念的所指有时可能重合：如"新加坡华语"与普通话差异较大，它既在"华语"所指的范围内，也在陆先生"大华语"所指的范围内；但有时也可能对立：如《北京人在纽约》里那些北京移民所说的话，应该属于"华语"了，但不能被"大华语"包括，它属于陆先生所指的"普通话"。

第三，"华语"是一种现实存在的交际语言，只要是海外华人说的通用语，无论离标准普通话是远是近都是"华语"；"大华语"尽管有现实基础，但实际上只是一种宽泛的规范观念，具有设定性，并非语言实体。比如人们不可能这样说话：

> 甲：我说华语，你会说吗？
> 乙：我不会华语。我会粤语。
> 甲：我不会粤语。那你会"大华语"吗？我们说"大华语"好吗？

---

[①] 报告全文刊载于《中国社会语言学》（澳门）2005年第2期；又载于陆俭明《作为第二语言的汉语本体研究》，外语教学与研究出版社，2005年。

之所以不会有这样的对话,是因为"华语"有明确的所指,而"大华语"缺乏明确的所指。

尽管"大华语"作为一个概念具有虚拟性、设定性,但是这个概念的提出对于汉语国际传播事业是有积极意义的。

为什么这样说呢?因为如前所述,由于种种原因,华语作为汉语的海外变体,不仅与普通话相比已经有了明显的变异,而且各个地域变体之间也产生了差异。汉语国际推广工作有很大一部分是针对海外华人华裔做的,如果我们过于强调汉语教学的大陆标准,就会同当地华语流行的"规范"发生严重的冲突,引起学生的畏难情绪和当地华人族群的抵触心理,使他们对我们的汉语推广产生排拒态度。有鉴于此,郭熙先生曾提出以"协调"取代"规范"的设想。① 尽管他的本意也在放宽规范尺度,然而刻意回避"规范",却不免掩盖了凡是教学总要有所规范的实质,而"协调"方式在教学中也有运作上的不便。陆先生提出的"大华语"概念不是回避"规范"这一提法,而是把规范变成了"弹性""有宽容度"的标准。他主张:

> 一方面要提倡以普通话为规范标准,另一方面我们又不作死的规定,不一定要求境外华语港澳台国语要不折不扣完全接受普通话规范的限制,也可以有一个容忍度。②

他认为:"这样做的好处首先在于有助于增强世界华人的凝聚力和认同感;其次更有助于推进世界范围的汉语教学。"③

陆先生的意见具有可行性,受到了各方面的欢迎。曾在新加坡工作多年的徐杰先生也提出了同陆先生的"大华语"相近的概念——"宽式国际华语"④。无论是"大华语"还是"宽式国际华语",都表现了中国人"有容乃大"的气度。

---

① 郭熙《域内外汉语协调刍议》,《语言文字应用》2002 年第 3 期。
② 陆俭明《作为第二语言的汉语本体研究》,外语教学与研究出版社,2005 年,第 53 页。
③ 同上书,第 52 页。
④ 徐杰《语言规范与语言教育》,学林出版社,2007 年。

## 11. 既然提倡树立"大华语""宽式国际华语"的观念，那我们在对外汉语教学中还需要坚持国家制定的规范标准吗？

答：当然还要坚持。提倡树立"大华语"或"宽式国际华语"的观念，只是对海外各种不合普通话规范标准的华语持宽容的态度，承认它们合乎我们"弹性"规范的尺度，但并不等于说我们就可以因此放弃普通话的规范标准。上面所引的陆先生的话，有两个"方面"："一方面"是"要提倡以普通话为规范标准"，这是大前提，是不能放弃的；在这个前提下才有"另一方面"，即持宽容态度的说法。过去我们对待华语，仅仅持前一个方面的态度，认为它们大多不合规范，必欲纳入普通话的规范框架而后安。这是不尊重对方的态度，也是不顾现实的态度，难以开展工作，也难以实现目标。现在我们认识到这样做有片面性，要以宽容的态度弥补其片面性，也就是说，我们现在仍坚持普通话的规范标准，但不再用这个标准来改造你们的华语，而是承认你们的华语的规范资格，你们可以保持你们的华语规范，不过如果你们中有人肯学习普通话的规范标准，我们非常欢迎。这样，我们既尊重了对方，也没有丢弃自己的原则和立场。这个原则和立场我在一篇文章中称之为"中国立场"①，这是至关重要、必须坚持、绝不能丢弃的。

对外汉语教学是教学。教学首先要有教学标准、教学内容和教学目标。坚持中国立场，就是要维护普通话的教学标准、教学内容和教学目标，在此前提下，同时持宽容态度，容忍某些华语的"不标准"。假如不坚持这个立场，就等于放弃自己的教学标准、教学内容和教学目标，以受教育者的是非好恶为标准来从事教学，这岂非背离了教学的根本宗旨和根本规律？我们设想一下，假如某位老师被派到某国去教汉语，出现下面这样的对话：

对方：欢迎你们来工作！请问你们有教材吗？

---

① 戴昭铭《全球汉语时代的文化问题和规范问题》，《南开语言学刊》2007 年第 1 期。

> 我方：有。可我们的教材是普通话标准的。
> 对方：对不起，本地的华语同普通话差得远呢！学生们可能接受不了。
> 我方：那不要紧，就按你们的华语标准来教好了。请问你们有教材吗？
> 对方：教材是有，请问你们熟悉本地华语吗？
> 我方：不熟悉。可是我们愿意跟你们学习，边学边教吧。

如果这样的话，我们在世界各地的"汉语国际传播"工作，传播的可能是千姿百态的当地华语。当然，这仅仅是设想而已。但是假如对提倡"大华语"做出错误片面的理解，放弃自己的立场，就会出现这样的结果。

事情还有"另一方面"：对外汉语教学不仅是对海外华人的教学，还有对华人以外的外国人的教学。他们的母语是外语，不是华语，家乡的社区也不说华语，学汉语是零起点，是把汉语作为外语来学习的。对于这部分学习者，不存在"大华语"的问题，我们在教学中坚持普通话的标准更不待言。

2009年《汉语学习》第2期发表了李泉、关蕾二人合写的论文《普通话在国际汉语教学中的核心地位》，这篇文章批评了在是否要坚持普通话教学标准问题上的一些似是而非的观点，强调坚持普通话教学标准是国际汉语教学的基本目标和基本任务，普通话在国际汉语教学中应具有核心地位，教授普通话应成为国际汉语教学的基本策略。这篇文章写得很好，可以找来看看。

## 思考与练习

1. 从事对外汉语教学为什么应该掌握一些关于语言规范化的理论知识？

2. 什么是"动态规范观"？为什么说"语言规范化就是对语言变化的评价和抉择"？

3. 你在学习和工作中经常使用词典吗？联系自己的经验谈谈通过查

词典提高语言文字规范修养的体会。

4. 你知道哪些"网络词语"？查一查《现代汉语词典》是否收载了这些词语，然后想一想收载与否的原因。

5. 英语的 Chinese，除了表示"中国人"的意思外，在表示语言时，有多种对译词，如：汉语、中文、中国语文、中国话、华语、华文，为什么会有这些对译词？根据它们在使用中互相替换的可能性，想一想这些词的意义和用法有哪些相同点和不同点。

6. 你是怎样理解"大华语"这一概念的？在对外汉语教学中怎样做才能既坚持规范标准又能为对方接受？联系自己的经验谈谈体会。

## 参考文献

1. 戴昭铭（1986）规范化——对语言变化的评价和抉择，《语文建设》第 6 期。
2. 戴昭铭（2003）《规范语言学探索》（增补本），上海三联书店。
3. 李枫（2009）对汉语国际推广的几点思考，《光明日报》12 月 21 日第 9 版。
4. 李泉、关蕾（2009）普通话在国际汉语教学中的核心地位，《汉语学习》第 2 期。
5. 陆俭明（2005）汉语走向世界与"大华语"概念，《中国社会语言学》（澳门）第 2 期；又收载于陆俭明《作为第二语言的汉语本体研究》，外语教学与研究出版社，2005 年。
6. 吕冀平、戴昭铭（1985）当前汉语规范工作中的几个问题，《中国语文》第 2 期。

# 第三章 语音规范问题

【内容简介】 普通话以北京语音为标准音,是指用北京音系做自己的语音基础。对于北京话语音中那些特别土俗的成分,普通话并不采纳。"京腔"中儿化、弱化和脱落的语音过多,欠缺庄重感,不宜进入普通话,但普通话仍保留必要的儿化音节和轻声音节。把儿化和轻声从普通话语音规范中排除出去是没有道理的。儿化和轻声已成为对外汉语语音教学的沉重负担。"大华语"的观念可以寻求到减轻负担的适当途径。在数量上可以适度缩小必读儿化词的范围,在读音标准上可以有一些弹性,在策略上可以把儿化音教学从语音教学改到词汇教学中讲,同时尽量减少必读轻声词的数量。现行的对外汉语教材,各本之间对儿化词和轻声词的认定严重不一致,亟须加以整理,应该建立起对外汉语适用的既严谨统一又简明精当的儿化词和轻声词规范标准。

## 1. 普通话语音规范为什么要规定"以北京语音为标准音"?

答:从历史上看,北京曾是金、元、明、清连续四个朝代的国都,时间绵延800余年,北京话影响巨大。关于明清时代形成的汉民族共同语"官话"的语音代表地点,当代学者有南京、北京两种说法。[①] 不过,即

---

[①] "南京说"参阅张卫东《试论近代南方官话的形成及其地位》,《深圳大学学报》1998年第3期;鲁国尧《明代官话及其基础方言问题》,收载于《鲁国尧语言学论文集》,江苏教育出版社,2003年。"北京说"参阅王力《汉语史稿》上册,中华书局,1980年新1版,第37~38页。

便明代官话的基础在南京,到清代无疑也已转移到了北京。清雍正六年(1728年),为了纠正广东、福建、浙江等地学子们口语中严重的地方音,皇帝曾下谕在这些省份广设具有语音训练班性质的"正音书院",由当地驻防旗人任教,教的就是北京语音。① 在民国年间的"国语运动"中,为确定"国语"的标准音,曾几经周折。1913 年成立了一个由南北各省选派的学者代表组成的"读音统一会",在审定读音的过程中,曾发生过持久而激烈的"南北战争"。争吵的结果是形成了一个折衷南北的"国音"方案,其主要特点是保留了北京话里已经消失的浊声母、入声声调和尖团区分。方案于 1913 年公布后,却发生了推行的困难,各界非议颇多,主张改以北京音为标准音。于是 1923 年国语统一筹备委员会决定采用以北京语音为标准音的方案,并于 1932 年公布了根据新标准审定的《国音常用字汇》。这个新标准习惯上称为"新国音",1913 年的方案就被称为"老国音"。但"新国音"名义上虽然依照北京语音标准,但对"老国音"不合理方面的革除并不彻底,比如既宣布取消入声,却又规定了拼写式的入声标记法,态度游移,徒增学习者的困惑。但与"老国音"相比,"新国音"毕竟向北京语音又靠近了一大步。直到在 1955 年召开的现代汉语规范问题学术会议上,与会学者认真讨论了民族共同语形成的历史以及"国语运动"的经验教训,对于以北京语音为标准音的观念才不再动摇。随着 1958 年《汉语拼音方案》的公布,"以北京语音为标准音"的主张在推普工作中终于得到了真正的贯彻施行。

  国际上成功的语言规划也证明,标准语必须以一个有声望的自然语言或地点方言为基础,在这个基础上提炼而成的标准语,有源源不断的活力和蓬勃的生机,具有与共同语同样持久的生命力,而不建立在某一地点方言基础上的标准语则是没有生命力的。中国 50 多年推普工作取得的巨大成绩也证明了当年确定以北京语音为普通话的标准音是完全正确的。

---

① 据《中国大百科全书》(语言文字卷)"正音书院"条目释文,中国大百科全书出版社,1988 年,第 517 页。

## 2. "以北京语音为标准音"是否意味着北京本地人说的话就是标准的普通话呢?

答：不是的。如前所说，"以北京语音为标准音"是因为汉语标准语必须建立在一种具体的地点方言的基础之上，才能保持持久的活力。通俗一点说就是：一种地点方言如果有相当规模的一个社会群体天天在说，并代代相传，就有持久的生命力，那么建立在这种方言基础上的标准语也就有持久的生命力了。但是，这并不意味着标准语等于那种地点方言，或者说那种地点方言就等于标准语。姑且不说词汇和语法，就说语音，普通话的语音也不完全等同于北京话的语音。到过北京的外地人都会明显地感觉到，北京本地人说话的口音同电台、电视台播音员的口音有明显的差别。不过，尽管如此，普通话的音系和北京话的音系还是一样的。"以北京语音为标准音"，其实是以北京话的音系为标准。正因为这样，普通话听起来很像北京话。有时人们忽略了二者的差别，就干脆把普通话称为北京话，或者用北京话来指代普通话。宽泛一点说也是可以的，但是严格地说，是不科学的。"普通话"是现代汉民族共同语、标准语的名称，"北京话"是北京这个城市的方言的名称。二者的内涵是不一样的。

## 3. 什么叫"音系"?为什么普通话的音系与北京话的音系可以相同?

答："音系"的概念比较复杂，粗略地说，就是一种语言或方言特有的区别于他种语言或方言的语音系统。就汉语而言，音系的概念通常由声母、韵母、声调、声韵调组配规则和音变规则这几个概念组成。具体一点说，"音系"就是指这种语言或方言有哪些声母、哪些韵母、哪几类声调、各类声调具体的调值是什么、声母和韵母中哪些可以或不可以拼合成音节，音节和音节在说话（语流）中组合成更大的单位时会发生哪些有规律的语音变化（语流音变和连读变调）等。从这个意义上说，普通话的音系就是北京话的音系。普通话的22个声母就是北京话的22个声母,普通话的 38 个韵母就是北京话的 38 个韵母,普通话的 4 个声调和各声调的调值与北京话完全一样,普通话的拼合规则也与北京话完全一样,普通话轻声音节、儿化音节的读音也与北京话基本相同。这是因为,普通话本身并不是一种地点方言,而是从北京话这种地点方言提炼出来的一种文化阶层较高的人们使用的社会方言,它仅仅是文化教育含量较高、使用场合较为正式,因此被规定为学校教育、窗口行业和政府工作的正式语言,它没有必要也不可能另外构拟一套音系,完全可以与北京话同用一个音系。因此可以说,普通话定义中"以北京语音为标准音"是一个比较准确的表述。

## 4. 既然北京话与普通话音系相同,那么二者在语音上还有其他差别吗?

答:北京话与普通话的音系尽管相同,但还是有一些差别的。这种差别不是表现为某些音类的有无,而是这些音类出现的频率和所分布的词语的不同。主要表现在以下两个方面:

(1) 儿化音

儿化音是一种表现口语风格的读音变化,由加在字词末尾的一个卷舌动作形成。北京话中的儿化词语特别多。贾采珠编的《北京话儿化词典》(语文出版社,1990 年)收录的北京话儿化词有近 7000 条。其中有些词当前已不大使用了,但绝大多数词还活跃在口语中。由于儿化词一般都是表现日常生活的,因此出现的频率特别高。另外,普通话的儿化词一般限于名词范围,而北京话的儿化可以说遍及各类实词。很多普通话不儿化的词,北京话都儿化,结果是老北京人几乎张嘴必有儿化音。

(2) 轻声和脱落

轻声是一种弱化音,是在阴平、阳平、上声、去声四种基本声调基础上形成的一种特殊读音。它不在基本声调范围内,只是说话人为了省力而发出的一种短弱字音。由于短弱,字音的调值不大明确,有的轻声字韵母也与字的本音韵母不同。轻声音节一般在以下情况出现:① 结构助词、动态助词和语气词;② 叠音词的后字;③ 常用的名词后缀"子、头、巴、么"等;④ 使用时间较为久远的某些双音词的后字;⑤ 作补语的趋向动词。以上这些本是北京话特有的读音，现已被普通话吸收采纳，成为北京话与普通话共同的读音了。但北京话中有一种轻声是普通话不采纳的，就是一部分三字词（不计表儿化音的字）第二字的轻声，如：

A. 西直门　东直门　朝阳门　德胜门　崇文门
　　紫竹院儿　门头沟　地安门　大栅栏儿
B. 自来水儿　自行车　主心骨　火车头　火烧云
　　波罗蜜

以上 A、B 两类词语的共同特点是北京话中第二字都是轻声，不同之处是在口语中作为地名的 A 类词比作为普通名词的 B 类词使用频率更高，因此其第二字的读音也变得更轻、更短、更弱。有的韵母脱落，声母辅音变成一个弱辅音并入前一音节或后一音节；有的声母韵母大部分音素脱落，残余元音成为前一音节的尾音，于是三音节词就变成了二音节词。其大致读音如下：

西直门 xī rmén　　　　东直门 dōng rmén
朝阳门 cháoa mén　　　德胜门 dē shmén
崇文门 chóng wmén　　 门头沟 mént gōu
地安门 dī'àr mén　　　紫竹院儿 zrú yuàr
大栅栏儿 dà shlàr

这种脱落，就是备受指责的北京人说话的"吞音"现象。加上北京话中高频率的儿化音、弱化音，人们就感觉北京人说话"舌头伸不直"，或者好像"嘴里含着块热豆腐"。

北京话语音的上述特点，构成了北京话发音不够清晰的缺点，使外地人觉得难懂、不好听。当初有关部门讨论普通话的语音标准时，有些人反对以北京语音为标准音，上述缺点也是一个主要理由。不过平心而论，如果把这些缺点去掉，北京话的音系还是有很多其他方言音系所不具备的优点的。北京话语流的亲切自然、礼貌温和、轻快便捷就是很多"地方普通话"所没有的优点。普通话确定了以北京语音为标准音以来，通过学校教育和电台、电视台播音的示范影响，加上北京人文化素养的提高，当代北京人的口语已经向普通话靠拢了很多，以致外地不明就里的人把北京话视同为普通话。不过，口语很接近普通话的北京人只是文化层次较高的北京人，在大部分土生土长的北京人中，北京话语音中的上述特点仍然不同程度地存在着。外地人称有这种特点的北京话为"京腔""京片子"，北京人则称之为"京齿儿"。值得注意的是，近几年方言保护主义抬头，各种方言节目在电台、电视台热播，地方口音不再成为自卑的因素，"京齿儿"又可以增加作为首都居民的身份优越感，一些北京人不仅不再努力使自己的口音向普通话靠拢，反而有意无意地保留自己的京腔，张嘴一通"京片子"，而且颇为自得。因此，有的学者断言北京话会日益接近普通话乃至最终合而为一，恐怕过于乐观。

作为对外汉语教学工作者，我们应该明确自己的教学任务是教外国人学好普通话，而不是学会京腔。假如自己是北京本地人，更应自觉地坚持在教学中使用普通话，并时刻警惕不要把自己口语中的"京齿儿"带进课堂。假如自己是北京以外省市的人，也不必因自己不会"京腔"而自卑，除了应该努力学好普通话，消除自己话语中残余的方言口音外，还应该努力学会分辨北京话语音中的非标准音，以免把北京话的语音缺陷当成普通话的语音特点来对待。

## 5. 我不是北京人，对北京接触也很少，上面说到北京话中的儿化遍及各类实词，我觉得有些奇怪。能否具体说说是怎样一种情形？[①]

答：可以，不过希望不致误解为我在推广京腔就行。

作为一种音变现象，儿化的主要功能有二：

（一）把非名词性成分变成名词性成分，即概念的名物化，如：黄儿（蛋黄）、咂儿（奶、乳房）、扳不倒儿（不倒翁）、闲杂儿（闲事、闲言）等。（二）表现口语体的轻松、自然、诙谐、亲切等多种风格色彩。由于

---

① 本题下的语料主要参考：贾采珠《北京话儿化词典》，语文出版社，1990年；陆志韦《汉语的构词法》（修订本），科学出版社，1964年；吕叔湘主编《现代汉语八百词》（增订本），商务印书馆，1999年。

语言中名词居多，北京人说话又特爱儿化，所以许多名词都带上了一个儿化音。这给人一个假象，似乎作名词后缀是儿化的主要功能。其实除上述（一）类的少数词外，大部分儿化名词去掉儿化成分后依然是名词，名词性是它本来的词性，儿化成分只是给它加上了口语色彩而已。所以儿化的主要功能是（二）而不是（一）。

明白了儿化的主要功能是表现口语风格，我们对于为什么北京话儿化词可以遍及各种实词也就不难理解了：因为口语不仅要用名词，也要用其他实词。从某种意义上说，其他实词的儿化更能表现口语风格。

A. 单音节儿化名词及其词群

在北京话儿化词中，单音节的儿化名词很常见。如：

姨儿　音儿　水儿　蛋儿　台儿　牌儿　棍儿　圈儿　本儿
毛儿　天儿　味儿　桌儿　被儿　孩儿　脸儿

这些词在普通话中一般不必儿化，有的单独不成词（如"本""被"必须合成"本子""被子"才成词），但在北京话中不仅儿化成词，而且作语素还能构成新复合词。如"姨儿"还可以构成"大姨儿、老姨儿（最小的姨母）"，"音儿"还可以构成"嗓音儿、语音儿、口音儿、奶音儿、齉音儿、哭音儿、尾音儿、落音儿"等。在复合词中，它们的位置不一定在末尾，也可能在词首或词中。有的复合能力很强，复合成的词（包括熟语）能形成一个词群。比如在贾采珠编的《北京话儿化词典》中收列的由"水儿"构成的复合词（包括熟语）就达30余条。① 北京话的单音节儿化词，不具备构词能力的很少。于是这些能产性极强的单音节儿化词就成了一个个儿化词词群的核心和基础。大概正是为了表现这一构词规律，该词典采用的编排方式是：

> 同音同形的儿化条目排在一起。一般是先列单音儿化词，再列单音儿化成分前置的多音儿化词，后列单音儿化成分后置（或中置）的多音儿化词。②（例略）

---

① 该词典复合词条中收列了"自来水儿笔"（钢笔），却漏收了"自来水儿"，其实北京话中这个词是要儿化才进入口语的。

② 见该词典"凡例"第5则。

当然，由单音节儿化词构成的复合词不一定仍为名词。

B. 儿化的动词

北京话中单音节的儿化动词不多。常见的有：玩儿、颠儿（跑）、火儿（发怒）、跑儿、撺儿（发怒）、呲儿（斥责）等。其中"玩儿""火儿"已成为普通话的必读儿化词。

单音节动词的重叠形式，普通话只是第二音节读轻声，并不儿化，北京话中是既读轻声（下面加点的字）又儿化：

等·等儿　歇·歇儿　走·走儿　说·说儿　笑·笑儿　写·写儿　挪·挪儿
唱·唱儿　停·停儿　补·补儿　数·数儿

有时两个音节一起儿化，如"玩儿玩儿"。这时整个词的发音过程中舌头都是卷着的。上列词中大都可以把第一音节也儿化，如"等儿等儿、说儿说儿"。

双音节动词儿化的例子不太多，如：

唠叨儿　琢磨儿　出溜儿　步碾儿（步行）　干嗝儿（喝酒不就菜）
强努儿（勉强用力）　独挑儿（独力承担）　干挺儿（勉强支持）
活受儿（一味受虐待而不反抗）　死受儿（义同"活受儿"）
敲儿撩儿的（旁敲侧击）

不过，动宾格的双音节词，儿化的就非常多。这类词大部分属于"离合词"，其"宾语"可以看作单音节儿化的名词性成分，如：

挨肩儿　包圆儿　包片儿　猜谜儿　抄近儿　打奔儿　打杂儿
打嗝儿　答茬儿　凑趣儿　捣鬼儿　掉点儿　加塞儿　接茬儿
串门儿　没门儿　没词儿　没谱儿　打短儿　打零儿　打鸣儿
唠嗑儿　冒尖儿　摸黑儿　抓周儿　赶趟儿　打盹儿　愣神儿
解手儿　把边儿

然而有些动宾格的儿化词，其结合相当紧密，一般不可再插入成分而分开，就可看作整个动词的儿化，如：包干儿、包了（liǎo）儿。

三音节的儿化词，多为动宾格；四音节的儿化动词，多为两个动宾格的并列结合再儿化，结合紧密，也可看成整体的儿化（下面加点的为轻声字），如：

| 讨没趣儿 | 跳门坎儿 | 卖嚷嚷儿 | 走趟趟儿 | 有讲究儿 |
| 翻白眼儿 | 甩胳膊儿 | 取吉利儿 | 诉苦穷儿 | 择干净儿 |
| 做好看儿 | 递和气儿 | 倒倒脚儿 | 高高手儿 | 直直腰儿 |
| 巴瞪眼儿 | 吧嗒嘴儿 | 挤咕眼儿 | 磕打牙儿 | 倒背手儿 |
| 抬手动脚儿 | 挤眉弄眼儿 | 偷闲躲懒儿 | | 点头哈腰儿 |
| 沏茶灌水儿 | 撒泼打滚儿 | 转弯儿抹角儿 | | 扫田刮地儿 |

C. 儿化的形容词

单音节形容词很少儿化,但是单音节形容词的重叠形式在北京话中一般必须儿化,而且无论原字声调如何,重叠的第二音节有的必改读阴平调,后加"的"字使用,作定语、状语或谓语,如:

好:好好儿(的)　早:早早儿(的)　饱:饱饱儿(的)
快:快快儿(的)　亮:亮亮儿(的)　弯:弯弯儿(的)

吕叔湘先生主编的《现代汉语八百词》的附录《形容词生动形式表》[①],收列单音节形容词133个,重叠后第二音节儿化并变阴平的有113个。可见儿化比例之大。重叠、儿化并变读为阴平调,有使所形容内容更生动的功效。从词性上说,按朱德熙先生的看法,不带"的"的"好好儿"等相当于副词,因为不带"的"时只能作状语;带上"的","好好儿的"等,则是形容词性的,朱先生称之为"状态形容词",因为从功能上看不限于作状语了,可以作谓语、定语、补语等。[②]

除了单音节的重叠形式外,其他结构的双音节、三音节和四音节形容词也常儿化,以增强其生动性,如:

| 溜尖儿 | 滚圆儿 | 溜圆儿 | 精细儿 | 黄胖儿 | 酸甜儿 |
| 乌黑儿 | 焦绿儿 | 通红儿 | 半大儿 | 时髦儿 | 现成儿 |
| 水汪汪儿 | 黏乎乎儿 | 颤悠悠儿 | 静悄悄儿 | | 甜丝丝儿 |
| 美不滋儿 | 软不塌儿 | 蔫不唧儿 | 软古囊儿 | | 可惜了儿 |
| 滑不唧溜儿 | 白不呲咧儿 | 酸不拉唧儿 | | | 迷里迷糊儿 |
| 疙里疙瘩儿 | 马里马虎儿 | 流里流气儿 | | | 乱七八糟儿 |

---

① 吕叔湘主编《现代汉语八百词》(增订本),商务印书馆,1999年,第637~644页。
② 朱德熙《现代汉语形容词研究》,《语言研究》1956年第1期。

油光水滑儿　　一星半点儿　　曲里拐弯儿　　五花八门儿
球球儿蛋蛋儿

不能儿化的形容词，一般都是书面语色彩较重的，如"雄纠纠、白皑皑"等。

D. 儿化的代词

这儿　　那儿　　哪儿（分别来自"这里、那里、哪里"）
这边儿　那边儿　哪边儿　这面儿　那面儿　哪面儿
这么样儿　那么样儿　怎么样儿　什么样儿　啥样儿　大伙儿
大家伙儿　俩人儿　自个（gě）儿　　别人儿　谁们儿
多少儿　多会儿

E. 儿化的数词和量词

数词儿化的比较少见。少数几个数词儿化后都变成带有特殊意义的名词，如"三儿"（称呼第三个孩子）、"三十儿"（旧历除夕）、"四儿"或"六儿"（指纸牌或骰子上的数）等。但表示十岁以上的年龄，连举两数表示概数，如省去"岁"字则常儿化，如"十三四儿"（＝十三四岁）、"二十八九儿"（＝二十八九岁）。表示接近一个整数的概数时，常并列两三个数字，儿化其一，或一起儿化，如：

百儿八十　　千儿八百　　万儿八千（儿）　　八九儿不离十儿

量词因为具有名词性（实际上是一种单位名词），比数词容易儿化。赵元任先生《汉语口语语法》（7·9）列举了九类量词共 392 个，标明儿化的和可儿化的（在括号中注出）共有 47 个。但据我们核验，发现在口语中经常儿化的量词远远超过这个数字，共有 100 个左右，占赵先生所列举的 1/4 强。因篇幅关系，不在此列举。

此外，有些单音节量词的重叠式（遍称式）也常儿化，但重叠后已变成名词，如"面面儿、件件儿、家家儿"等。

"一"加上表示微少意味的量词的重叠形式，重叠的音节轻声并儿化，成为一个数量词组，极言数量之少，如：

一滴滴儿　　一点点儿　　一些些儿（一丁点儿）

F. 儿化的副词

| 刚刚儿 | 稍稍儿 | 暗暗儿 | 偷偷儿 | 悄悄儿 | 苦苦儿 |
| 快溜儿 | 可巧儿 | 全盘儿 | 压根儿 | 轻声儿 | 碎步儿 |
| 干绷儿 | 原旧儿 | 到了(liǎo)儿 | | 趁热儿 | 挨个儿 |
| 一块儿 | 一溜烟儿 | 一股劲儿 | 一股脑儿 | 大约摸儿 | |

G. 儿化的拟声词

嘎嘣儿　嘎吱儿　吱儿吱儿　叽儿叽儿　嗝儿啰儿

需要说明的一点是，尽管北京话中儿化词的出现频率很高，但是在书面语中，即便是在记录或模拟口语的作品中，儿化的标记形式"儿"往往省略，这在一定程度上掩盖了北京话儿化音的高频真相。北京话儿化音在表现北京人说话情态方面确实能收到惟妙惟肖的功效，但儿化音密度过高往往使话语失之于轻浮油滑，欠缺庄重感，不适于表述严肃的内容，传递郑重的口吻。南方方言区的人对北京话的不良印象往往由此而来。他们在学说普通话的过程中，孤立的儿化音尚且不易达到标准，如果儿化音高频出现则更穷于应付。从理论上固然可以说只说必读的儿化音即可，但实际上人们很难记住哪些是必读儿化的，哪些是可以不儿化的。于是儿化问题往往成为人们学习普通话的一个难点，也是对外汉语教学工作中很难处理得当的一个问题。

## 6. 现在有一种意见，认为普通话不应该有儿化音，你是怎么看的？

答：持这种意见的可以陈重瑜先生为代表。他提出了"普通话基本上不该有儿化韵尾"的主张，理由是"儿化韵尾既然是一个地方性的标准，就不应该出现在普通话之内"；而且，"儿化韵尾在台湾的'国语'里，已是不多见了，在新加坡的'华语'里，更是少见"，"儿化韵从普通话（或国语或华语）里消失，即使不是已然的现象，也是一个必然的趋势了"，"儿化韵尾是学习普通话的一大障碍"，"明确地肯定儿化韵而不是普通话，对普通话的推广必定会有很大的助益"。①

对于这个问题，我觉得应该从以下三个方面分析：

首先，儿化音（即陈重瑜先生说的"儿化韵尾"）是不是普通话音系的一部分，即如何确定儿化音性质的问题，陈先生的判定是失之于武断的。从来源上看，作为普通话规范标准组成部分的儿化音固然是北京方言的语音——正如我们在前面说过的，儿化音是"京腔"的重要组成部分，但问题的关键在于，普通话与北京话不是对立的，它不是必须排斥所有北京话语音中表现地方特色的成分的，相反倒应该吸收其中有价值的成分来丰富自己。从理论上说，普通话既然以北京语音为标准音，它的音系就应该包括北京话的音系。儿化音作为功能性音变的一种，无疑应该作为普通话音系的构成部分而存在，把儿化音从普通话的音系中排除出去是没有道理的。从实际上说，北京话的儿化音确实有很强的表现功能，除了词性和词义的分化功能（如"盖儿"不同于"盖"、"脑儿"不同于"脑"）外，儿化音所表现的轻松、亲切、喜爱、诙谐、风趣的口语风格色彩，是去掉儿化音的所谓"普通话"无法表现的。我们总不能把普通话变成只有书面语风格的、缺乏生活气息的"书生腔"。假如真把儿化音从普通话中排除出去，那么包括北京人在内的"北京官话区"②的上亿人都是不会接受的。因此，像目前这样，把北京话的儿化音作为普通话音系的组成部分，在理论上是科学的，在实践上是有益的。强调儿化音的地方性，从而想把它从普通话中排除掉，在理论上是讲不通的，在实践上也是办不到的。

其次，儿化音从普通话里消失究竟是不是"必然趋势"？陈先生说得过于绝对了，也并不合乎事实。他在文中引用了陈建民先生1984年出版的《北京口语》一书中的话："一般的趋势是，文化低的和老年人儿化多，文化高的和年青人儿化少……年青人受书面语的影响，大量可

---

① 陈重瑜《华语（普通话、国语）与北京话》，《语言教学与研究》1985年第4期。
② "北京官话区"指从中国东北地区（包括内蒙古东部）经过河北省东部的围场、承德一带直到北京市城区的一个东北宽阔、西南狭窄的区域。这一带的人说的是"广义的京腔"——声韵系统十分相近，调类完全相同，调值极其相似。参阅林焘《北京官话溯源》，《中国语文》1987年第3期，又收载于《林焘语言学论文集》，商务印书馆，2001年；赵杰《满族话与北京话》，辽宁民族出版社，1996年，第1～5页。

儿化可不儿化的词就不儿化了。"但这段话说的仅仅是从多到少的趋势，并不能据此推断出儿化音"必然消失"的趋势。诚然，儿化音当年是北京城文化不高的下层民众的一大语言特色，它不仅有地域方言性质，也有社会方言性质。随着文化教育水平的提高，推普工作的影响，青年人口中不再出现上代人那样高频率的儿化音了，但是减少的只是那些"可儿化可不儿化"的赘余，应该说是合理化了。儿化作为一种表现口语风格的功能性音变，有它没它是不一样的。按照索绪尔的理论，语言就是形式，差异正是体现形式的价值的。口语是语言的原生态，只要有口语在，体现其风格的"必读儿化音"就不可能消失。年轻人不仅受书面语影响，更受口语的影响。口语是汪洋大海，书面语只是风景优雅的港湾。青年人从汪洋大海中学到的乘风破浪的能力绝不会在欣赏港湾风景的片刻中"消失"。况且北京话并不是孤立的"死海"，它的源头本来就在东北官话中，现在这依然是它活力的主要来源。相声、小品等曲艺节目的台词中儿化词很多，却一直受到欢迎，就说明了这一点。假如把相声或小品台词中的那些儿化成分去掉，广大的中国观众是否还能接受得了？而年轻人的口语究竟是受日常口语的影响大，还是受没有儿化的报纸社论或学术论文的影响大，更是毋庸置疑的事。总之，儿化音是不可能从普通话里消失的。至于台湾国语和新加坡华语中儿化音的式微，原因在于两处与北京相距遥远，又曾有几十年的交往疏离，其国语和华语与北京话处于相对游离状态，一直是孤立发展的。不能由此反推出普通话中的儿化消失将是"必然的趋势"这一论断。相信随着今后中国大陆同台湾以及海外关系的密切化，台湾国语和海外华语中的儿化成分还可能增加。

其三，儿化音到底是不是仅仅北京才有的"地方标准"？是否北京以外的方言中就没有儿化现象？假如真是这样，普通话也可以不吸收它。但事实不是。凡是在北方话地区生活过或对北方话有一些了解的人都知道，在北方话的广大地区内，儿化韵或儿尾韵是很普遍的现象。语言调查也已证明这一点。在1996年出版的由陈章太、李行健二位先生主编的《普通话基础方言基本词汇集》中，选列出的北方话调查点是93个，其中有儿化韵或儿尾韵①的有 78 个；而在狭义的北方方言即华北、东北和内蒙古东部的 46 个调查点中，有儿化韵或儿尾韵的达 40 个点。② 笔者本人为吴方言区人，在黑龙江省生活已 40 余年。据我所知，黑龙江（包括相邻的吉林省）的音系（包括儿化音）与北京音系基本相同，而哈尔滨话与北京话尤其接近，连儿化音的分布和音值（实际读法）都相当一致。③ 实际上，儿化音作为一种功能音变，不仅表现在北方话中，在吴方言、徽州方言、赣方言和粤方言中均有普遍的表现，在其他方言中也有零星表现。④ 只不过表现的形式与北京话不尽相同。儿化音既然已经是汉语语言结构功能系统的一部分，那么，作为汉民族共同语标准形式的普通话，当然可以吸收进来，以丰富自己的表现手段。相反，从普通话中去除儿化音，倒是对语言结构体系完整性的一种人为的伤害。

总之，认为普通话不应该有儿化音的说法是说不通的，儿化音应该是普通话语音标准的组成部分。

## 7. 现在在推普和对外汉语教学工作中，人们普遍觉得儿化是普通话教学的沉重负担，对此应当怎样看待？

答：在承认普通话语音应该包含儿化音的前提下，关于儿化音在推普和对外汉语教学工作中的负担问题，确实应该认真加以探讨。

对外汉语教学中儿化音成为一大困难，其根源大概在于当初对普通话标准的理解发生了偏差。在普通话的定义中，"以北京语音为标准音"与其后的"以北方话为基础方言，以典范的现代白话文著作为语法规范"相比，可以说是标准最为明确且便于操作的一项，因为它有具体的北京

---

① 方言学中区分"儿化"和"儿尾"："儿化"指"儿"音与上一音节已化为一个音节，不自成音节；"儿尾"指"儿"音自成音节（一般读轻声）。但"儿化"和"儿尾"的性质和功能相近。

② 统计数据据王理嘉《儿化规范综论》，《语言文字应用》2005 年第 3 期。

③ 两地语音的主要区别在于：1. 哈尔滨话的阴平调值为 33 或 44，略低于北京话阴平调；2. 古阴入字北京话归入阳平的部分字，哈尔滨话读上声，如"国 guǒ、节 jiě、革 gě"等；3. 北京话弱化和吞音现象多，哈尔滨话弱化没有北京话多，基本不吞音，故语音清晰度高于北京话。

④ 王理嘉、王海丹《儿化韵研究中的几个问题》，《中国语文》1991 年第 2 期；王理嘉《儿化规范综论》，《语言文字应用》2005 年第 3 期。

话音系为依据。然而,也恰恰是由于其标准明确且便于操作,在随之而来的实际运用中,人们在认识上便不知不觉进入了一个误区,即"京腔=普通话"。在这个问题上说得最明白不过的是赵杰先生:"京腔是现代北京标准音的基础,作为宪法规定下来的现代汉语普通话实际上只是京腔的规范化而已。"① 诚然,赵杰先生说的是"规范化的京腔=普通话",然而实际上几十年下来,几乎所有普通话的研究和标准的制定都是以京腔为基础的,在规范化工作中淘汰掉的部分,主要是异读词的多余读音和认为完全没必要的、过于广泛的儿化词的儿化音。而在语音体系上,没有人认为京腔和普通话有什么区别,相反,人们都认为普通话就应该以北京话为基础,向北京话靠拢。普通话既然是规范化的京腔,那么研究北京话自然就等于研究现代汉语了。一个例子是陆志韦先生上世纪50年代主持完成的一项研究,"主要内容是现代汉语的构词法",而"所用资料是从北京口语的句子里抽出来的字组(包含小部分土话)"②,研究的成果叫《汉语的构词法》。之所以没有用"北京话的构词法"做书名,显然是认为北京话可以代表现代汉语。然而从其中第二十章第一节《说"儿"》中所列出并加以分析的儿化词例,可以看到好些只在北京话中才儿化而在普通话中并不儿化(或并无此儿化词)的词。如"拧儿",例句为"闹了拧儿了"③,《现代汉语词典》"拧"(nǐng)字条所举的例句中就没标儿化。另一个例子是吕叔湘先生主编的《现代汉语八百词》,其中的例句也都非常合乎京腔的口吻。比如语气助词"啊"条目下的儿化词例句:

  请坐啊,大伙儿
  这儿的风景多美啊
  老李啊,你这儿来!
  你是打哪儿来的啊?
  去年啊,去年的这会儿啊,我还在上海呢
  要是一会儿下起雨来啊,咱们可就走不成了

---

① 赵杰《满族话与北京话》,辽宁民族出版社,1996年,第2页。
② 陆志韦等《汉语的构词法》,科学出版社,1964年,"序言"。
③ 同上书,第126页。

## 第三章 语音规范问题

慢慢儿说，说清楚点儿啊

你可得好好儿干啊

该书后作为"附录"的"表一"，共收列单音节形容词133个，而显示其重叠形式第二音节儿化并变阴平的就有113个。实际上只有在地道的京腔中才有这样高比例的"儿化并变阴平"，然而这本书的书名并未用"现代北京话八百词"。

正是在这种"普通话＝规范化的京腔"的观点下，学术界研究了北京话儿化韵的实际音值，把普通话的38个韵母按照北京话儿化后的读音，归并成了26个儿化韵，使儿化音从此有了统一的规范标准。这无疑是好事。然而问题也正出在这"普通话＝规范化的京腔"的观点之中。按照这一观点研制的《普通话水平测试用儿化词语表》（新大纲）收词189条，就是说，把这189个儿化词读得和北京人说的一样好，才能在儿化这一项目上达标，不过这189条仅仅是入门测试用的数量标准。如果你要想说一口漂亮的普通话，那么《现代汉语词典》为你收列了3000多条儿化词。而且这3000多条可能仅仅是语言词的词条数目，如果按言语词词条来计算，恐怕还要翻倍。数量这么多的儿化词，对于北京本地人或北京官话区的人倒无所谓，因为他们天天就是这样说话的。而对于北京官话区以外的中国南方学习者而言，就是把那26个儿化音、189个儿化词读得合乎标准也并不容易。因为在南方方言区中尽管也有儿化音或小称变音，却并非北京话"儿"音那样发卷舌音，而往往发自成音节的鼻音或边音，在西南官话中则是自成音节的"儿尾"音。他们模仿不成卷舌音，听起来让人觉得舌头好像僵硬了。于是儿化音就成了他们学习的负担、前进的难关、达标的高门槛。假如普通话儿化音的测试标准设计得有弹性些，那么被试者还可能通过。然而现在执行的儿化音测试标准并无弹性，用来做水平测试的标准反而成了学习上的拦路虎。

## 8. 你认为普通话儿化教学这一难题还有解决之道吗？

答：解决之道当然还是可以找到的，这要靠上下各方——包括搞理论研究的、做实际教学工作的——共同努力。不过就目前所见，我觉得可做的有三方面：

一、要转变传统的、狭隘的关于普通话的观念，即认为"普通话就是规范化了的京腔"的看法，而代之以陆俭明先生提倡的"大华语"的观念。观念是行为的指南，只有先把观念转变了，才能有行为方式方法的转变，以及随之而来的工作效应的转变。我这里所说的转变观念的主体，首先还不是指那些在教学第一线工作的广大教师，而是指那些对华语教学和考核的理论、标准、大纲拥有制定和裁决权力的上层官员和学者（也包括相关教材的主编者），因为正是他们决定着教师们应该教什么、考什么，广大教师一般只是被动的执行者。须知今日的汉语国际推广已远非昔日的"推普"可比，"普通话＝规范化的京腔"只是一个过时的、碍事的、不严密的、不科学的概念，一个前景无限广阔的"大华语"时代已经到来。只有那些握有汉语国际推广权力的官员和上层学者认识到了这一点，才能发自内心地组织人力重新审核原有的对外汉语教学和考核的理论、标准、大纲，把有关儿化音的规范标准修改成一个既维护汉语核心规范观念、又切合当前国际汉语推广实用之需、具有一定弹性变度和宽容尺度的标准。如果没有这样一个自上而下的标准，目前在华语教学第一线上普遍发生的关于儿化音教学的困难、困惑和混乱状况，是难有根本改观的。

二、在观念不变的前提下，把现行的大纲和标准合理化。如上所言，既要转变观念又要制定出具有广适度的大纲或标准，是一件颇耗时间和人力的事，一时难以实行和完成，那么不得已而求其次，可以先把现行的大纲和标准搞得精准一点再说。

也许有人会问：莫非现行的大纲和标准有什么不合理、不准确的地方吗？答曰：正是。青年学者朱昱的一项研究成果[①]揭示，2003 年由教育部、国家语言文字工作委员会发布的《普通话水平测试实施纲要》（下文简称《纲要》）中涉及儿化词语的有两个词表：一是《普通话水平测试用普通话词语表》，收有儿化词 36 个，其中有 21 个是《现代汉语词典》（下文简称《现汉》）中认定为"口语里必须儿化的"；二是《普通话水平测

---

① 朱昱《〈普通话水平测试实施纲要〉中儿化词语的词形规范及数量控制》，《黑龙江教育学院学报》2009 年第 4 期。

试用儿化词语表》，共收词 189 条，其中《现代汉语词典》认定为"口语里必须儿化的"只有 87 条。而且《纲要》中两个词表对儿化词并未区分"口语中是否必须儿化"。这样一来发生的问题是：(1) 若论机构的权威性，《纲要》的发布者显然比《现汉》高；但若论社会影响，《现汉》又显然优于《纲要》。然而二者出入如此之大，叫使用者何所适从呢？(2) 若从《纲要》角度出发，它可以说：《现汉》只是工具书，而我们是国家级测试标准，当然以我们为准。然而作为国家级测试标准的儿化词一律不标"口语里是否必须儿化"，是否就暗示"一律必须儿化"呢？当然只能如此理解。如果这样的话，两份词表中不计重复的儿化词一共 192 条，朱昱认为：

> 192 个儿化词条不分重点，全部识记、掌握，这对于许多南方人来说，是不科学、不现实的，会严重影响他们的学习效果和学习热情，从发展的角度来看，也不利于推普。

朱昱是哈尔滨人，她掌握这 192 个儿化词当然不费力，然而她现在是以深圳市普通话培训测试中心研究人员的身份谈工作体会和研究结论的。这个结论固然可信，然而却是一个叫人笑不起来的黑色幽默：国家专门机构为了推普而发布的标准"不科学、不现实"，"不利于推普"。

《纲要》中还存在一些问题，朱昱均一一指出并加以分析。读了朱文后的一个感受就是：国家级的测试标准不该如此粗枝大叶，前后矛盾。朱昱的具体建议是：

> 一是参照《现代汉语词典》，对口语中必须儿化的词条加以区别。可以在词表中加星号标记，同时附注说明；也可以仿照《普通话水平测试用必读轻声词表》单独设立《普通话水平测试用必读儿化词表》。这样就科学、明确地表明了儿化词语之间的差异，同时也有利于学习者根据自身情况进行取舍，安排学习重点。
> 
> 二是干脆在《纲要》的词表中剔除那些不属于"必须儿化"以及不常用的儿化词语，只需要保留必读、常用的儿化词条，既便于各方言区的人学习掌握，也符合"北京话不等于普通话，向全国人民推广的不是北京话而是普通话"的规范化原则。

本人认为朱昱的建议是可行的。另外，我想补充一点：在物色"儿化词表"的编制人员时,不要清一色用北京人或东北人,也不要用久居北京或东北的外地人,而应当使各方言区的人都有一定比例的代表(当然必须以这些代表会普通话为前提)。

三、改变传统的教学安排,把儿化词从语音教学中移出,放到词汇教学中进行。这一意见是徐越女士提出的[①],我觉得很有见地。她认为,在粤、闽、吴等方言区的对外汉语教学中,儿化教学效果一直不佳,已成为一大难题。除了儿化本身发音难、是否必读儿化无规律以及学生认为实用性差等原因外,把外国学生视同本国学生,在语音学习阶段教儿化韵,也加大了语音掌握难度,影响了学习兴趣和学习成效。为此她提出的对策是:

1. 儿化的词汇教学

儿化的词汇教学即把以往作为语音教学的内容转移到词汇教学中去。不在语音部分专门介绍儿化,包括定义、原理等,而是把儿化词的教学直接融入词汇教学中;不把儿化作为类推性的规则,而把儿化这种发音特征与特定的词相结合,让学生学习一个掌握一个。

2. 儿化的定量教学

儿化的定量教学即确定和控制"必须儿化"的词的数量。可以把区别词汇意义、语法意义和常用性相结合作为标准,定出一批无论是书面语形式还是口语形式都必须儿化的儿化词,使之形成一个相对封闭的系统,并在教学中分段实施。所有的儿化词都给出附录词表,说明用法,举出用例。

徐越女士在文中总结道,她采取这样的做法既没有增加学生的负担,又提高了学生的学习积极性,取得了较好的教学效果。我觉得她的结语是可信的。为了提高教学效果,使学生既快速而又有兴趣地掌握儿化音,各位在自己的课堂教学实践中,不妨试试她的做法。

## 9. 有人认为轻声的规范是不必要的,这有道理吗?

答:轻声的规范问题,也是一个比较复杂、难以恰当处理的问题。但

---

① 徐越《对外汉语教学中的儿化问题》,《语言教学与研究》2005年第5期。

轻声规范应当是普通话的一个规范项目,这是毫无疑问的。这个问题要从汉语的特性、轻声的来历和功能说起。汉语是一种声调语言,声调是由音节音高的变化形成的。古代汉语的词大多是单音节的,写出来就是一个字,音节、词、字三者是同一个单位。声调具有区别意义的作用,所以同样的声母韵母拼合成的音节加上区别意义的"四声"就是四个词,写出来是四个字。因此汉语的每个单字音都有"本调",即固有的、基本的声调。这种情况在现代汉语的单字音中还基本保留着,所以我们读"妈、麻、马、骂"为 mā、má、mǎ、mà,读"巴、拔、把、霸"为 bā、bá、bǎ、bà,读的就是它们每个字的本调。

那么,轻声又是怎么来的呢?我们知道,轻声是汉语语流音变的一种产物。轻声字的读音特征是:轻、短、弱,失去本调。在读轻声的时候,比起读它的本调要少用力一些。"省力"是轻声的主要功能之一。说话固然应当吐字清楚,但是假如每个字都按它的本调"咬"得毫不含糊,一则反而显得生硬、不自然、不优美,二则非常吃力,说多了累得慌。于是人们在说话时,就自然发生了一种"音变",把某些不需要特别强调地读出的字音一带而过,这种字音就是"轻声"。由于轻声是在话语流动中自然发生的音变,语言学上就叫做"语流音变"。轻声字音是因人们说话图省力而产生的"弱化音"。

上面说的轻声的发声原理,也决定了现代汉语中大量轻声词的形成。因为在从古代汉语到现代汉语的发展过程中,有一个词的形式"双音化"的过程。"双音化"就是由单音节(一个字)的词变成双音节(两个字)的词,其主要方法就是以原有的单音节词为词根,再加上一个意义比较虚泛的"后缀",如:桌→桌子、帽→帽子、儿→儿子、林→林子、孙→孙子、木→木头、舌→舌头、前→前头、后→后头、嘴→嘴巴、尾→尾巴,等等。这些词使用频率大多很高,后缀又没有实在意义,人们为了省力,就把后缀的字音读得轻短一些,久而久之,这些双音词就成了轻声词。这种读音模式形成之后,具有类推作用,人们把它套用在后一字为非词缀但也有很高使用频率的双音节词上,使这些词也变成了轻声词,如"月亮、豆腐、眼睛、头发、衣服、学生、毛病、清楚、明白、吓唬、吆喝"等等;还有一些双音节叠字词,如"猩猩、爷爷、姥姥、爸爸、妈妈、叔叔、舅舅、哥哥、弟弟"等等;另外,还有一些所谓三音节的轻声词，如"一辈子、老太太、胡萝卜"之类，它们的意念结构和节律多为1+2格式，后部的二字组合也是个双音词，可以按照双音词的轻声化过程来理解。

不过，现代汉语中的轻声，也并不仅仅发生在双音节词的末字上，有些词只有一个字，在话语中一般也只有轻声读法。主要有以下几种情况：

（1）语气词"啊、吗、吧、呢、啦、嘛、呗、的"等，它们一般处于句末，有的也可以出现在句中表示提示或停顿；

（2）结构助词"的、地、得"和动态助词"了、着、过"等；

（3）处于非强调位置上的某些常用个体量词，如"个、本、把、件、部、张、支"等（不过，当强调计量单位时，它们往往又读成本音）。

综上所述，我们可以看出现代汉语普通话语流中轻声字音的分布很广泛，出现频率不低。轻声字除了可以使说话人轻松省力外，它与非轻声相间出现，也增添了话语声律上的和谐优美感。因此可以说，轻声是汉语在发展中功能和韵律自我完善化的产物。有人主要根据某些方言（主要是南方方言）中或者轻声词较少，或者轻声词分布与普通话不一致的现象，就硬说轻声是北京方言的土音，不是普通话的语音，说轻声规范是不必要的，这是没有道理的。

## 10. 轻声的规范有明确的标准吗？

答：应当说，有规范，但尚缺乏明确的标准。说有规范，指的是轻声作为普通话字音的一种变读类型的规定，是正确的；它的特点是读音轻、短、弱，失去本调，人们的看法也是基本一致的。说它缺乏明确的标准，是指普通话读轻声的究竟是哪些词还没有明确的规定。到现在为止，我们对于普通话的语音规范，只有两项有比较明确的标准：一项是单字音的读法，即每个单字的声母、韵母和声调，经过审定是基本明确的，其标准体现在字典、词典的单字注音上，各本字典、词典的单字注音能做到基本一致，没有大的出入；二是关于异读词的读音规范，经过数次审音和修订，现在有了1985年发布的《普通话异读词审音表》，对每个异读词的读法都有明确的规定，尽管对其中少数字词读音的规定尚有些争议，但是基本上还是正确可行的。然而轻声词的规范还难有明确的标准。

## 11. 为什么轻声词的规范难有明确的标准？

答：轻声词的规范难有明确的标准，原因很多。主要有以下四个方面：

一、轻声的性质。轻声是一种语流音变，是说话人为了省力把话语中一些有本音的字说成了轻、短、弱的变音，这个过程是自然发生的，是否读轻声往往因人而异，难以进行一致的规定。因此，至今人们在说话中比较一致的必读轻声词，实际上只有以下几种：

（1）结构助词、动态助词和语气词。这几类词的共同特点是：都是单音节的语法词（虚词），数量不多，范围封闭，使用频率高。正是由于使用频率高，大家都习惯于轻读，轻声就成了它们的固定读音。把这种大家都习惯了的固定读音规定下来，就成了标准音。

（2）叠音词的后字。如"爸爸、妈妈、星星、狗狗"，这些词的后字轻声化是自然的，人们的读法是一致的。

（3）常用的名词后缀"子、头、巴、么"等，如"鼻子、苗头、嘴巴、那么"，轻声已经固化，读本音反而不自然。

（4）使用时间较为久远的某些双音词的后字。既有单纯词（如"喇嘛、疙瘩"），也有合成词（如"衣服、闺女、结实"），这些词后字的轻声已固化，读本音听起来很生硬。

（5）趋向动词。如"拿起来、卖出去"等（但是，如果趋向动词前加"不"表示否定，它们又恢复本音了）。

其他双音词，包括大量历史很久的双音词，都是不读轻声的，如"国家、文学、革命"等等。

二、汉字的性质。汉字本身不表音，但每个字有规定的读音。文化不高的人口语中轻声词多，而文化较高的人习惯于"咬字音"，别人口中说成轻声的字，也"咬"成本音来说，因此许多口语中的轻声词，文化人读出来却不是轻声词。这样就形成了一批同样的词在不同的阶层中存在轻声非轻声两读的现象。《现代汉语词典》对轻声词的审音是从严的，其用意是好的。然而如果实际上真有两读，词典中却只标一读，标准音反映的不是实际读法，标准就不起作用了。如"滑头"，《现代汉语词典》的标音是 huátóu 一读，而我们听到的也常有 huátou 的读法，类似的例子还有"扶手、妇女"等词。这都是汉字"一字一音"在暗中起的作用。这使轻声标准很难制定。

三、普通话与北京话的界限不易划分。普通话以北京语音为标准音，但这只是就音系构成而言的，指普通话的声母、韵母、声调、轻声、儿化、连读变调这些"音类"取自北京话音系，并非要把北京话中词语的全套读法都移入普通话。如前所述，北京话语音中轻声、弱化现象太多，有些词语中的字甚至被北京本地人"吞音"，致使词音含混难懂。普通话的语音规范是从北京话中提炼出来的，既要保留轻声这一音类，又要舍弃不必要的轻读音，排除脱落的"吞音"读法。排除"吞音"较易办到，恢复本音就可以了。但从大量的轻读词中遴选"必读轻声词"就不易做得恰到好处了。北京话和普通话的语音界限不清，主要指具体词语的音是否读轻声而言，至于理论上，普通话不等于北京话，概念上还是清楚的。在面对具体词语时，一般取中等文化程度以上的北京人的读音为标准，这样就可以解决大部分问题。但是如果在理论概念上把北京话等同于普通话，就会发生麻烦。有一本书名为《普通话规范发音》，封面左上方标有"正音必备教材"的字样，内文却常把北京话作为普通话的同一概念来使用，如谈到轻声时，有这样的话："轻声是使北京话优美而富有变化的因素之一……要特别注意词的轻重读音，否则就不能掌握北京话的语调。"[①] 这样混淆使用"北京话"和"普通话"的概念，就会误导读者，使读者更难在轻声问题上区别北京话和普通话了。

四、轻声词和轻音词难以区分。所谓"轻音"，是韵律学的术语。韵律学把每个字在词中的读音，按响亮程度分为轻、重两种[②]，又按照轻重音在词中的组配情况，分成三种格式：前重格式、后重格式和前重后重两可格式。前重格式即轻音词，如"方便、目的"等，从节律上看，前字

---

① 罗洪《普通话规范发音》，花城出版社，2008年，第23页。
② 也有分为轻、中、重三种的，这里取宋怀强主编《普通话简明轻重格式词典》（上海音乐出版社，2009年）比较简明实用的轻、重两个分法。

音重，后字音轻；反之则为后重格式，如"笔记、不必、电灯"等；前重后重两可格式如"非常、饱满"等。轻音词和轻声词是有区别的，但是实际上，汉语的轻声词有很多是由轻音词发展来的。轻声化的程度彻底一些，就成了必读轻声词，如"爱人、巴掌、别扭、灯笼、豆腐"等。轻声化程度不够彻底的，变成了轻音（前重格式）和轻声两种特点兼有的词，《现代汉语词典·凡例》称这些词的后字为"一般轻读、间或重读的字"。这里的"重读"，指的是读本音，不是韵律学上"轻重格式"的"重音"，因此注音方式是注音上标调号，注音前再加圆点，如"因为"，注作 yīn·wèi。"一般""间或"的描述用语，固然体现出词典编纂者细致周到的用意，但也透露出了普通话中轻音词和轻声词界限的模糊及区分的困难。普通话中这类词并不少，下面这些词都是《现代汉语词典》中处理为"一般轻读、间或重读"的，也即轻音和轻声特点兼具的词：

父亲　母亲　宝宝　斧头　毛病　分量　意思
长虫　答复　西瓜　西面　连累　夫人

不过话说回来，尽管轻声词规范标准的建立确有困难，但是我国的语文工作者经过长期不懈的努力，还是解决了其中绝大部分的困难，制定出了相对明确的标准。其中最重要的成果体现在《现代汉语词典》的注音上，还是可以遵循使用的。

## 12.《普通话水平测试用必读轻声词语表》是什么性质的文件？应该怎样使用这份文件？

答：《普通话水平测试用必读轻声词语表》（以下简称《必读轻声词语表》）是由国家语言文字委员会普通话培训测试中心编制、经教育部语言文字应用管理司组织审定的《普通话水平测试实施纲要》的组成文件之一。《普通话水平测试实施纲要》是作为"普通话水平测试国家指导用书"，由商务印书馆于 2004 年出版的。轻声是普通话语音规范的一个重要项目，但是如前所述，轻声的规范标准不易确定，有关部门迄今尚未制定出轻声词的国家规范标准。在《必读轻声词表》公布之前，普通话轻声教学和测试一直只能参照规范性工具书《现代汉语词典》以及

《普通话轻声词汇编》《普通话轻声词儿化词汇编》等"汇编"类专业书进行。但是由于缺乏统一的国家标准,这些工具书和"汇编"书在判定轻声词时尺度宽严不一,互有抵牾,使用者往往莫衷一是。《必读轻声词语表》的发布,可以较大程度地解决这种疑惑。由于编制、审定和发布单位的权威地位,《必读轻声词语表》显然不同于一般部门编制的用于训练和测验的词表,也不同于学者编制的代表个人或少数人观点的词语汇编,而是在轻声词问题上代表国家有关部门意见的权威性文件。在国家正式标准出台之前,它已经是事实上的国家标准,在对内的普通话教学和对外汉语教学中具有指导性的作用和意义。

《必读轻声词语表》有两个最为突出的优点:

一是精粹集中,查找方便。以严谨科学著称的《现代汉语词典》,对轻声词的判定和标注是比较精确的,但其修订第3版中轻声词的总数不过2750条,分散在60000余条词语、将近1700页的篇幅中,其中又包括许多旧词、僻词和方言词,使用起来非常不便。1994年,国家语委推出了《普通话水平测试大纲》,其中,包含"表一"和"表二"的《普通话(口语和书面语)常用词语》共收词17000余条,包含轻声词约1300条,轻声词仍呈分散状态,查找使用仍有所不便。《必读轻声词语表》经过调整和压缩,仅集中收列必读轻声词546条。这546条中又含"子"尾词206条,"子"是轻声标记,便于识读,不会成为学习负担。没有标记而需要硬记的只有340条,学习者的负担大为减轻。546条词语按音序集中编排,整个词表显得非常精粹,查找起来极为便利。

二是重点突出,便于操作。普通话轻声词语数以千计,真正常用的必读轻声词实际上也就几百条。这几百条正应成为学习和测试的重点。为了得到这几百条词语,词表编制人员确立并遵守"词频原则":从国家语委现代汉语语料库中截取词频在前30000的词语,构成"基础词表",再参照《现代汉语词典》构成"备选词表",然后再对"备选词表"进行人工干预,编成《普通话水平测试用普通话词语表》,最后才从中提取出《必读轻声词语表》,这样就保证了所选定词语的通用性和常用性[①]。"必读轻声词语"实际上还有一些单音节的词缀、助词和语气词,如"们、

---

① 言实《关于普通话水平测试用普通话词语表的编制》,《语言文字应用》2004年第3期。

的、得、地、了、着、过、啊、吗、呢、吧"之类,词频也不低,但《必读轻声词语表》并未列入。为什么呢?因为若不在句中,没有语境,单念单音节字难以表现轻声,不便于测试操作。编制词表时根据"'适测性'原则",就把它们排除了,这样就大大地方便了测试操作。而实际上这些单音节词在语流中很容易获得轻声读法,学习者容易掌握,不必作为重点来教学和测查,排除以后更加突出了教学和测试重点,教学和测试工作的负担也减轻了。

《必读轻声词语表》的全称有个定语"普通话水平测试用"。这个定语指明了它的适用范围是测试普通话水平。普通话测试工作人员可以用它做编写试题的依据。普通话教学人员,包括对外汉语教师,可以用它来编写教材、参考书、练习题和课堂考试的试题;学生也可以用它做自测材料;汉语和对外汉语研究人员也可用作参考文献。总之,《必读轻声词语表》的权威地位决定了它广泛的用途。

然而,《必读轻声词语表》也有缺点,主要是没有给"同形异义词"做标记,使用时有些不便,需要特别注意。

"同形异义词"指书写形式相同而由读音不同来区别意义的词,又分两种情况:

(1) 书写形式相同,由后字轻读与否来区分意义的。如"东西"这个词形包含两个不同意义的词,其区别手段仅靠"西"读轻声与否,如《现代汉语词典》的释文(举例从略):

【东西】dōngxī 名 方位词。① 东边和西边。② 从东到西(距离)。

【东西】dōng·xi 名 ① 泛指各种具体的或抽象的事物。② 特指人或动物(多含厌恶或喜爱的感情)。

在《必读轻声词语表》中,"东西"后注音 dōngxi, xi 不标调号,表示轻声。这在词表中可以,但词表的词是用来测试的,在测试题中需去掉注音才能使用。要准确测出被试者是否会分辨"东西"的读音差异和词义的关系,最好的方法是使之在不同的语境中出现。如《现代汉语词典》的用例"他买东西去了""这小东西真可爱",其中的"东西"应该读轻声;但是在"这座城东西三里,南北五里"一句中,如果把"东西"读成轻声就错了。可见对同形异义词,当不注音和无语境时,一个词形有两种读音可能。如要表示它选取的是读轻声时的词义，办法也很简单，只要加个星号或点号为标记并在表前加一句"说明"就可以了。但是该表的 546 条词语，一律没有标记，给人的感觉就像有的评论者所说的："必读轻声词"不一定"必读轻声"①。像"东西"这样的词，在《必读轻声词语表》中还有：

| | | | | | | |
|---|---|---|---|---|---|---|
| 裁缝 | 本事 | 大方 | 大爷 | 地道 | 地方 | 对头 |
| 告诉 | 故事 | 精神 | 门道 | 铺盖 | 人家 | 生意 |
| 实在 | 世故 | 特务 | 小子 | 星星 | 兄弟 | 丈夫 |
| 丈人 | 自在 | | | | | |

加上"东西"，共是 24 个。另外，类似的还有"点心、忙活、运气、上头"，读轻声与否也是两个词。只不过读非轻声时，它们是动宾格的"离合词"、动词，重音在后字上。

（2）书写形式相同，不仅后字有轻读与否的区分，其前字读音（或声母、或韵母、或声调）也因词义不同而不同。《必读轻声词语表》中共有 6 例。在《现代汉语词典》中，它们都是不同的词条。如"大夫"：

【大夫】dàfū 名 古代官职，位于卿之下，士之上。

【大夫】dài·fu〈口〉名 医生。

其他 5 例是"差事、卷子、便宜、片子、琢磨"，其音义差别有《现代汉语词典》可按，兹不赘列。这些词在词表中也以做上标记为好。

我们这里指出《必读轻声词语表》的上述缺点，实际上仅属"白璧微瑕"性质。这类缺点对它的使用并无大碍。只是说如果给上述这些词做个标记，词表就更周密、更完善了。这一点既经点明，大家心里有数，尽可放心使用就是。

---

① 杨益斌《简论〈普通话水平测试用必读轻声词语表〉的得失》，《现代语文》（语言研究版）2009 年第 3 期。

## 13. 现在不同种类的对外汉语教材对轻声词的标注往往很不一致，应该怎样对待这一问题？

答：现在对外汉语教材用量很大，出版的种类也很多，国家有关部门尚未出台关于轻声词的统一标准，教材编写者根据个人语感和见解各行其是，致使对轻声词的标注很不一致。对外汉语教师为此感到很困惑。陈海生做了一项专题研究①，其中所揭示情况的严重程度颇为引人注目。他考察了4个系列共计28部教材：

（1）北京语言大学出版社出版、李泉总主编的《发展汉语》教材计14部（简称《发展汉语》）；

（2）北京语言大学出版社出版、杨寄洲主编的《汉语教程》第一至三册计6部；

（3）北京大学出版社出版、赵新主编的《中级汉语精读教程》Ⅰ、Ⅱ和周小兵等主编的《中级汉语阅读教程》Ⅰ、Ⅱ，计4部（简称"北大教程"）；

（4）北京语言大学出版社出版、马箭飞主编的《汉语口语速成》"基础篇、提高篇"各上下两册，计4部（简称"速成"）。

陈海生把这4个系列教材中涉及轻声标准不一致的11个双音词（都是常用词）同《汉语水平词汇与汉字等级大纲》（修订本）②（简称《大纲》）及《现代汉语词典》（简称《词典》）中的标注情况相核对，制成了下表（表中"＋"表示标注轻声，"－"表示标注非轻声，"±"表示标注两可，空白表示未涉及此词）：

---

① 陈海生《对外汉语教材词语轻声标注状况考察》，《现代语文》（语言研究版）2009年第3期。

② 《汉语水平词汇与汉字等级大纲》（修订本），国家汉语水平考试委员会办公室考试中心编制，经济科学出版社，2001年。

|  | 大纲 | 词典 | 发展汉语 | 汉语教程 | 速成 | 北大教程 |
|---|---|---|---|---|---|---|
| 毛病 | ＋ | ± | ＋ | － |  |  |
| 好处 | ＋ | ＋ | ＋ |  |  |  |
| 吩咐 | － | ± | － |  |  | ＋ |
| 已经 | ＋ | ± | ＋－ | － | ＋ |  |
| 干净 | － | ± | ＋－ | ＋ |  |  |
| 道理 | － | ± |  |  |  |  |
| 意识 | － | ± | ＋－ | － | ＋ | ＋ |
| 葡萄 |  | ± |  | ＋ |  |  |
| 学问 | ＋ | ± | ＋ | － |  |  |
| 耽误 | － | ± | ＋－ | ＋ | ＋ |  |
| 关系 | ＋ | ± | ＋－ | ＋ |  | － |

从表中可以看出的问题有：(1) 4 个系列教材之间的轻声标注不仅互不一致，而且没有一个词是完全一致的；(2) 没有一个系列教材是与《词典》或《大纲》完全一致的；(3)《大纲》同《词典》也仅有两个词标注一致；(4)《发展汉语》系列教材各部之间标注不一致的词有 5 个，接近半数。从以上系列教材的出版时间来看，"北大教程" 最早，为 1999 年，其余均在 2004—2007 年间。这说明直到近期，我国对外汉语教材主流出版社出版的有相当权威地位的教材，在轻声词的规范问题上没有一个共同认可的权威和一致遵守的标准，大家都在各自为政、各行其是，"跟着感觉走"。主流出版社出版的权威教材尚且如此，其他出版社出版的各类对外汉语教材和普通话辅导读物中关于轻声的标注就更加混乱了。笔者最近购到一本约 8 万字的《普通话规范发音》①，作者自称是 "根据国家权威机构所审定的汉语普通话的标准读音" 编写的，然而在讲解轻声问题时却把 "声音""忽略" 两个词列为必读轻声词，这两个词在《现代汉语词典》和普通话水平测试国家指导用书《普通话水平测试实施纲要》的《普通话水平测试普通话词语表》（表一）中都未标为轻声，不知作者所根据的 "国家权威机构" 是哪一家。教学，尤其是语音教学，最需要标

---

① 罗洪《普通话规范发音》，花城出版社，2008 年。本文所引词例见该书第 24 页。

准一致。然而目前各种教材编者都根据感觉自定标准,结果是互相矛盾,甚至同一系列教材中也互相矛盾。面对这种混乱的标注,教师也难免莫衷一是,又怎么能使学生有一定依归呢?可见在对外汉语的轻声教学领域,当前急需一部真正具有权威地位的、大家都愿意依循的国家标准。

  从上表中还可以想到的一个问题是:《现代汉语词典》是汉语学界公认的一部有权威地位的规范性词典,可是它对表中11个词的轻声标注,不仅多数没有被4个系列的教材采纳,而且也没有被《大纲》采用。这是什么原因呢?据笔者分析,原因可能未必在于大家执意要否认《词典》的权威地位,而是《词典》的性质和《大纲》及教材的性质不同所致。《词典》不仅是一部规范性工具书,它首先还是一部描写性辞书。作为一部描写性的现代汉语辞书,它要忠实记录词语的实际读音。表中8个词轻读与否"两可"的标准,按《词典》的体例是"一般轻读、间或重读",反映的正是普通话中这8个词读音的真实状况。然而作为教学指导性文件的《大纲》和教学用书,它们所要求的语音标准是明确的规定,最好不要模棱两可,因此对于这8个词,包括另外3个词,《大纲》和各系列教材都无一例外地使用了"非此即彼"的"唯一性"的标注,没有使用"两可"的标注方式。当然,我们这样的分析也只是一种推断,并不是主张《词典》应该取消"一般轻读、间或重读"的标示法。

  从上表中还能看出的另一个问题是:《大纲》作为国家汉语水平考试委员会办公室考试中心发布的文件,理应有一定的指导性和权威性,然而它对11个词的标注并未完全被各系列教材采纳。如果说"北大教程"出版于1999年,《大纲》(修订本)出版于2001年,这个时间差可以解释其原因的话,那么出版于2004年以后的其余3个系列教材未遵循《大纲》,就不是时间差问题了。但如果说这3个系列教材的编写者并不知道《大纲》的存在,则似乎未免低估了编写者(尤其是主编)的知识水平。那么唯一较为合理的推断就是:尽管编写者知道《大纲》的存在,但是并不重视它,也不愿意遵循它。如果真是这样的话,恐怕问题不全在编写者方面,主要原因可能出于《大纲》本身。陈海生的文章揭示,《大纲》标准不一、自相矛盾之处甚多:如以"面"为后字的方位词,"上面、下面、前面、后面、西面"标轻声,而"里面、外面、东面、北面、南面"则标非轻声;趋向动词"上去、下去"标轻声,而"上来、下来、进来、出来、回来、过来、起来、进去、出去、回去"又标非轻声;以"气"为后字的词,"客气、脾气、力气、和气、志气"标轻声,而"福气、口气、神气"则标非轻声。正如陈文所批评的,"不够严谨""比较混乱"。这样的文件,谁要遵循它,就会使自己也陷入混乱中。教材编者束之高阁,自立标准,似乎势在必行、理所当然了。遗憾之余,我们还是希望,既然打出"国家"旗号,肩负指导责任,"考试中心"就应该拿出一份体例严谨、内部一致的"大纲",使人们乐于遵循。

然而,即使可以弃《大纲》于不顾,作为一套系列教材,却不可没有自己内部一致的标准,而我们从上表中看到,在《发展汉语》栏下,11个词中有5个标为"十一","十一"的含义不是《词典》栏下的"±"("一般轻读、间或重读"),而是指在该系列各部(分册)中,或为轻声,或为非轻声。这种状况似乎并非自乱体例所致,而是好像该系列教材并无统一的体例。关于《发展汉语》系列教材各部之间轻声标注的分歧,陈海生另制了一份表,显示了21个词在各部(分册)教材中的标注情况[①]:

|  | 轻声 | 非轻声 |  | 轻声 | 非轻声 |  | 轻声 | 非轻声 |
|---|---|---|---|---|---|---|---|---|
| 味道 | $A_2$ | $B_1$ | 这里 | $A_1$ | $A_2$ | 意识 | $D_2$ | $C_1$ |
| 办法 | $A_1$ | $A_3 B_2$ | 漂亮 | $A_1 A_3$ | $A_2$ | 于是 | $C_3$ | $C_1$ |
| 佩服 | $B_2$ | $C_1 D_3 D_4$ | 回家 | $A_1$ | $A_2$ | 耽误 | $D_1$ | $C_2$ |
| 已经 | $A_2$ | $A_1$ | 出去 | $A_1$ | $A_2$ | 关系 | $B_1$ | $B_3$ |
| 干净 | $A_2$ | $A_1 A_3$ | 进去 | $A_3$ | $A_2$ | 容易 | $A_3$ | $A_1$ |
| 小姐 | $A_2$ | $A_1$ | 琢磨 | $D_4$ | $C_4$ | 便宜 | $A_3$ | $A_1$ |
| 讲究 | $C_2$ | $D_3$ | 多少 | $A_1$ | $A_3$ | 称呼 | $C_3 D_1$ | $C_2$ |

表中21个词涉及该系列14部(分册)教材,共42项分歧。陈文还指出,

---

① 表中大写字母及右下角数字组成的代号代表《发展汉语》系列教材的14部(分册),具体为:$A_1$《初级汉语》(上),$A_2$《初级汉语口语》(上),$A_3$《初级汉语听力》(上)学生册,$B_1$《初级汉语》(下),$B_2$《初级汉语口语》(下),$B_3$《初级汉语听力》(下)学生册,$C_1$《中级汉语》(上),$C_2$《中级汉语口语》(上),$C_3$《中级汉语听力》(上)学生册,$C_4$《中级汉语阅读》(上),$D_1$《中级汉语》(下),$D_2$《中级汉语口语》(下),$D_3$《中级汉语听力》(下)学生册,$D_4$《中级汉语阅读》(下)。

"除《汉语教程》外,其他三个系列的教材内部都有词语轻声标注不一致的情况"。在同一系列教材内自相矛盾,只能说是态度不够严肃,体例不够严谨。这种做法不仅造成了教学的困难,更给本来就缺乏一致的轻声规范增添了新的混乱。

作为对外汉语教学的教师,对于上述轻声词标注不一致的情况,我们所应做的是吸取教训,在自己的教学中尽量注意保持标准的一致,不要出现前后不一、自相矛盾的讲授。特别要注意的是,讲授不能有随意性,不要仅凭不可靠的个人语感判定一个词是否读轻声,一定要言出有据。当面对矛盾现象,判定有困难时,应该查一查比较可靠的工具书。在关于轻声词的国家标准出台之前,可以参照的工具书有《现代汉语词典》(第6版)和《现代汉语规范词典》(简称《规范》)。《词典》经过多次修订,内部标准比较一致。《规范》的可取之处是其编纂宗旨中贯彻了这样一条原则:"根据普通话实际读音,没有区别意义作用的轻声、儿化音不标注轻声或儿化。"因此《规范》不仅取消了"两可"的标示法,而且轻声词也比《词典》大为减少。比如前面提到的各系列教材标注不一致的11个词,二者所标注的是:

|    | 毛病 | 好处 | 吩咐 | 已经 | 干净 | 道理 | 意识 | 葡萄 | 学问 | 耽误 | 关系 |
|----|------|------|------|------|------|------|------|------|------|------|------|
| 词典 | ± | ± | ± | − | − | ± | ± | ± | + | + | ± |
| 规范 | − | + | − | + | − | − | − | − | + | + | − |

+表示轻声,−表示非轻声,±表示"一般轻读、间或重读"

表中《词典》中标注为"一般轻读、间或重读"的7个词,有6个在《规范》中标为非轻声。这一规范原则获得了学界的肯定。劲松先生的一篇书评称其为具有"现实性、动态性和前瞻性","是一种值得肯定的规范方式,体现了与时俱进的时代精神"[①]。因为普通话的轻声规范是根据北京话的轻声读法择定的,而北京话的轻声词,根据学者们的研究,几十年来在一直减少,许多旧有的没有区别意义作用的轻声词,现在都不读

---

① 劲松《语言规范的现实性、动态性和前瞻性——评〈现代汉语规范词典〉轻声和儿化词的规范》,《语言文字应用》2004年第2期。

轻声了，特别是年轻人口中的轻声词比中老年人更少。这一发展趋势也反映在《词典》不同年代的版本中。不过《词典》一直没有取消"一般轻读、间或重读"的标示，这是因为它是描写与规范并重的，而《规范》则偏重于规范性，它干脆把"两可"的说法取消，使标准更加明确。我们在教学工作中，也可以学习《规范》的这种态度，对于没有区别意义作用的轻声与非轻声两读词，可以取非轻声的读法。

## 14. 目前的教学中，轻声词的记忆对学生来说仍是一个比较沉重的负担，有没有什么好办法减轻学生的负担？

答：掌握轻声的一般读法并不太难，难就难在要记住那么多的必读轻声词。对国内学生而言，南方的学生一般比北方的学生更感到困难。然而在普通话测试中，北京学生轻声的单项成绩反倒不如南方学生。这是因为北京话口语中轻声词太多，他们也必须一个一个地记忆其中哪些是普通话测试标准规定的"必读轻声词"，这就必须排除母语方言的干扰。可见轻声词的记忆确实是一个不小的负担。对于外国学生而言，普通话是外语，要一个一个记住《必读轻声词语表》中规定的546个词，则更为繁难。于是不少教师和学者主张减少必读轻声词的数量以减轻学生负担。

2005年第2期《语文研究》上，赵新、马贝加二位先生的《试论普通话的轻声词》一文（以下简称《试论》）提出，应该用"严标准"，"尽量减少轻声词的数量"。他们的论析切中肯綮，甚有见地。该文以《普通话水平测试实施纲要》的《必读轻声词语表》为分析依据，提出压缩轻声词数量，降低学习难度的"6项措施"，对教师有一定参考价值。现略述如下：

1. 合并异形同义轻声词"师傅"和"师父"，保留前者。

2. 排除生僻的北京土语词。（按：所列词语不在《必读轻声词语表》中。）

3. 排除末尾为上声的轻声词31个：巴掌、帮手、别扭、柴火、打点、豆腐、队伍、规矩、闺女、红火、狐狸、家伙、戒指、利索、朋友、屁股、清楚、扫帚、烧饼、牲口、舒坦、跳蚤、挖苦、稀罕、吓唬、行李、烟筒、云彩、冤枉、月饼、指甲。理由是：上声在双音词末尾连读变调的调值是 21，而在阴平、阳平、去声后的轻声是一个短促的低降调，调值为 31，二者十分接近。（不过文中又指出，像"马虎、耳朵"等少数"上声＋上声"的轻声词较特殊，仍需归入必读轻声词。）

4. 排除"上声＋阴平"的轻声词 17 个：比方、扁担、补丁、打发、打听、点心、姐夫、喇叭、尾巴、委屈、稳当、喜欢、哑巴、眼睛、嘴巴、祖宗、眨巴。理由是：根据轻声的音变规律，轻声音节在上声后调值为 44[①]，与阴平调 55 在音高上非常接近。因此，"上声＋阴平"的轻声词，即使不读为轻声，听起来也和轻声差不多。

5. 排除可轻可不轻的轻声词 106 个：福气、客气、阔气、运气、脾气、力气、小气、秀气、木匠、石匠、铁匠、这个、东家、娘家、亲家、婆家、人家、记性、道士、护士、算计、伙计、爱人、媒人、丈人、本事、差事、干事、故事、膏药、帐篷、拨弄、白净、部分、怪物、行当、打算、盘算、学生、先生、畜生、琢磨、收成、兄弟、口袋、连累、大方、特务、字号、记号、牌楼、关系、头发、弟兄、状元、女婿、寡妇、包涵、凉快、勤快、爽快、世故、提防、地方、风筝、高粱、活泼、脊梁、精神、嫁妆、麻烦、麻利、胡琴、棉花、蘑菇、能耐、难为、上司、官司、相声、早上、皇上、晚上、招牌、栅栏、妥当、乡下、自在、首饰、实在、告诉、架势、位置、答应、耽误、甘蔗、将就、咳嗽、累赘、热闹、挑剔、篱笆、困难、学问、老婆、铺盖。

作者认为，所谓"可轻可不轻"的轻声词有两类："一类是不稳定轻声词，在语言实际中有时读轻声，有时不读轻声，有人读轻声，有人不读轻声，如'黄瓜、东边'等；另一类在北京话中一般读为轻声，间或重读，但不读轻声听起来并不生硬、不别扭，如'状元、风筝'等。"而这些词"在语言实际中，特别是在广播电视节目和影视剧中常常是不读轻声的"。

经过上述处理，"必读轻声词"还剩下 390 个。作者接着又提出了第 6 项"措施"：把这些轻声词分为有规律轻声词和无规律轻声词。所谓"有规律"的，包括：（1）叠音名词或动词；（2）末尾是"的、得、着、

---

① 调值下加横线表示音长缩短，下同。

了、么"的词；(3)末尾是"子、头、乎、夫、们"的词；(4)末尾是"类后缀"或"准后缀"的词。这4项"有规律"的必读轻声词共有284个，而无规律必读轻声词只有106个：棒槌、包袱、簸箕、裁缝、苍蝇、窗户、凑合、刺猬、打扮、耽搁、地道、东西、嘟囔、灯笼、对付、动静、动弹、耳朵、胳膊、疙瘩、姑娘、蛤蟆、厚道、和尚、合同、核桃、糊涂、机灵、叫唤、街坊、窟窿、快活、养活、喇嘛、粮食、溜达、骆驼、厉害、利落、痢疾、疟疾、马虎、买卖、忙活、冒失、眉毛、门道、苗条、眯缝、明白、名堂、名字、脑袋、奴才、便宜、漂亮、欺负、亲戚、师傅、火候、时候、拾掇、使唤、疏忽、生意、交情、事情、石榴、收拾、舒服、岁数、唾沫、媳妇、笑话、秀才、心思、胭脂、养活、钥匙、衙门、月亮、衣服、衣裳、应酬、秧歌、妖精、吆喝、意思、称呼、招呼、张罗、主意、作坊、芝麻、庄稼、消息、休息、转悠、下巴、见识、知识、认识、折腾、耷拉、萝卜、胡萝卜。然后，作者主张把其中的"胡萝卜"去掉（因为已有"萝卜"），再从《纲要》中找回他们觉得"如果不读轻声听起来很别扭"的"可轻可不轻词"10个：味道、报酬、玻璃、聪明、告示、葡萄、荒唐、琵琶、鸳鸯、气氛。最后共得出"无规律轻声词"115个。

这里之所以如此详细地转述《试论》一文，不仅是因为其"6项措施"有助于解答本题，而且还在于想使读者全面领会二位作者的大胆巧思。固然，笔者觉得其中似乎尚有可推敲的具体细节：如"6项措施"中的前5项与规范标准有关，称为"规范措施"是可以的，但第6项却与其说是"规范措施"，还不如说是"教学策略"，不宜并列在前5项之后；又如第6项中划分的"有规律"和"无规律"两类轻声词，其实只是形式上易于辨认与否的区分，与其以"有/无规律"称之，不如以"有/无标记"称之。不过这些细节问题并不影响该文的总体结论。从总体上说，笔者觉得他们言之有理，意见可行。该文所针对的仅是《纲要》中《必读轻声词语表》的546个词，已有可预见的效果，倘若推而广之，用之于全部轻声词规范标准的制定，贯彻于教材和工具书的编写，施行于课堂教学，当可大大减轻教学负担，降低记忆难度。作为汉语教师，我们未必有机会参与标准的制定，但不妨学习其中所述的方法策略，并适当地传授给学生，以降低轻声词记忆的难度。

## 15. 轻声的实际读法真的是"短、轻、弱,失去调值"吗?轻声有没有自己的音值标准?

答:"轻声失去调值"的说法是不准确的。我们虽然在前面主张应该对轻声的规范从严掌握并缩减其数量,但并不认为轻声可以不经意地随便读出一点声音就可以了。轻声是有自己的音值标准的。如果不合标准,会影响普通话的自然、流畅、优美,会带上一股怪怪的味道,听起来不舒服。暨南大学华文学院孙玉卿的一篇论文谈到:"有些留学生误以为轻声字没有声调,就应该读得又轻又短。"① 文中用基频曲线图分别显示了中国学生和初级汉语水平印尼留学生读"嫂子"一词的基频曲线图像,并分析:"中国学生读的前字上声调值是21,后字轻声调值为4,而留学生读的前字上声调值是43,后字轻声调值为21。中国学生的前字上声为低降调,后字轻声调值为高调,而留学生的前字上声为中平调略微有些下降,后字轻声为低降调。留学生的前字上声调值偏高,而后字轻声调值却偏低。"印尼学生读的"嫂子",颇似北京人读的"哨子"。可见如果轻声音值不准,不仅腔调怪异,还会引起误解。

对外汉语教学中留学生读不准轻声的音值,固然与轻声本身不易把握有关,但更重要的原因恐怕是我们的现代汉语和普通话的教学体系在我国现代汉语教材和普通话辅导读物中,对轻声的定义一般只强调其语音特征的"轻、短、弱"。如说:"在词或句子里,某些音节读得特别短特别轻,这就是轻声。"② "普通话中有的音节会失去原有的声调,变为一种又短又轻的调子,称为轻声。"③ "在音节连说的时候,有些音节说得又轻又短,这就是所谓的'轻声'。"④ "轻、短"固然是轻声的重要特征,但是轻声教学的重点应该在音值知识的传授和读法的训练上,然而在通行的教材、辅导读物以及具体的课堂教学中,这一环节的内容普遍比较薄

---

① 孙玉卿《对外汉语教材中应重视轻声词的注音问题》,《消费导刊》2007年第2期。
② 邵敬敏《现代汉语通论》,上海教育出版社,2001年。
③ 黄伯荣、李炜主编《现代汉语》(上册),北京大学出版社,2012年,第66页。
④ 张觉《现代汉语规范指南》,汉语大词典出版社,2002年。

弱，重点一般只放在轻声词的范围即轻读与否的判别上。这样培养出来的学生担任对外汉语教师后，脑子里关于轻声的概念只有"轻、短、弱"的特征定义和轻与非轻的界限，尽管他们口语中的轻声音值读得很准，但他们也不会把轻声音值知识的传授和读法训练作为重点，外国学生读不准轻声音值，也就是必然的结果了。

轻声的音值，即轻声的实际读法，重点在音长和调值两个方面。各类轻声音节的共同特征都是音长比一般字音短，有时甚至很短，给人以"点到即止"的印象，这正是轻声的"轻、短、弱"概念形成的原因。但是据实验语音学的研究结果，轻声的"音强并不一定比正常重读音节弱"，因此"音强在辨别轻重音方面起的作用很小"[①]。至于音色，即声母韵母的读音，一般是历史音变形成的固定读法。如轻声"了"（le）的音是由动词"了"（liǎo）变来的，"为了"（wèile）一词已注为规定的le；"衣裳"的"裳"（shang）由 cháng 变来。读音既已规定，音色没有区分轻声与否的作用，也不是轻声音值的主要内容。[②] 轻声音值的内容，主要是轻声字失去本调后的实际调值。调值是由音高变化形成的，轻声在多音词末尾失去的只是本调而不是声调，轻声的声调由本调变来，其调值受前字声调调值的影响。因此，轻声的音值，实际上指的是轻声字的调值。

关于轻声字的调值，学界目前说法不一，汉语教师往往莫衷一是。概括起来，有二分、三分、四分等三种说法：

"二分"说以《普通话水平测试实施纲要》为例。该书这样描述轻声的调值[③]：

普通话轻声音节的调值有两种形式：

（1）当前面一个音节的声调是阴平、阳平、去声的时候，后面一个轻声音节的调型是短促的低降调，调值为 31。例如：

---

[①] 《普通话水平测试实施纲要》，国家语言文字工作委员会普通话培训测试中心编制，商务印书馆，2004年，第36页。

[②] 有的现代汉语教科书或参考书会谈到轻声字声母韵母的音色变化，包括浊化、央化、脱落等现象。我们认为对外汉语教学不必讲授这些知识。

[③] 同注①，第35页。

| 阴平·轻声 | 他的 tā de | 桌子 zhuōzi | 说了 shuōle |
| --- | --- | --- | --- |
| | 哥哥 gēge | 先生 xiānsheng | 休息 xiūxi |
| | 哆嗦 duōsuo | 姑娘 gūniang | 清楚 qīngchu |
| | 家伙 jiāhuo | 庄稼 zhuāngjia | |
| 阳平·轻声 | 红的 hóng de | 房子 fángzi | 晴了 qíngle |
| | 婆婆 pópo | 活泼 huópo | 泥鳅 níqiu |
| | 粮食 liángshi | 胡琴 húqin | 萝卜 luóbo |
| | 行李 xíngli | 头发 tóufa | |
| 去声·轻声 | 坏的 huài de | 扇子 shànzi | 睡了 shuìle |
| | 弟弟 dìdi | 丈夫 zhàngfu | 意思 yìsi |
| | 困难 kùnnan | 骆驼 luòtuo | 豆腐 dòufu |
| | 吓唬 xiàhu | 漂亮 piàoliang | |

（2）当前面一个音节的声调是上声的时候，后面一个轻声音节的调型是短促的半高平调，调值为 44（实际发音受前面上声的影响，往往开头略低于 4 度，形成一个微升调型，由于轻声音节音长短，这种细微之处不易察觉）。例如：

| 上声·轻声 | 我的 wǒ de | 斧子 fǔzi | 起了 qǐle | 姐姐 jiějie |
| --- | --- | --- | --- | --- |
| | 喇叭 lǎba | 老实 lǎoshi | 脊梁 jǐliang | 马虎 mǎhu |
| | 耳朵 ěrduo | 使唤 shǐhuan | 嘱咐 zhǔfu | 口袋 kǒudai |

"三分"说以《现代汉语规范指南》为例。该书用一份"轻声音节在语流中的相对音高表"显示了作者的见解[①]：

| 轻声音节的前一音节的声调 | 轻声音节的相对音高 | 调值 | 五度制调号 | 拼音调号 | 实例 |
| --- | --- | --- | --- | --- | --- |
| 阴平、阳平 | 中 | 3 | ·˧ | 不标 | 黑的、黄的 |
| 上声 | 半高 | 4 | ·˦ | 不标 | 紫的 |
| 去声 | 低 | 1 | ·˩ | 不标 | 绿的 |

---

① 张觉《现代汉语规范指南》，汉语大词典出版社，2002 年，第 55 页。

"四分"说以《普通话规范发音》为例①,该书说:

轻声的高低不一,由前一音节的声调决定。其关系如下:
阴平之后读半音　　如:方的　他的
阳平之后读中调　　如:圆的　谁的
上声之后读半高　　如:小的　我的
去声之后读低调　　如:大的　坏的

上述三种说法的共同之处是,都认为轻声的音值取决于其前一音节的声调,这是对的。不过相比之下,我们认为"二分"说更好。这主要不是因为该书的编制者权威性高,而是因为:(1)"二分"比"三分""四分"简单明了,更易于传授和掌握;(2)"二分"说的表述使用的语言学术语合乎规范,比较周密;(3)"二分"和"三分"都用五度制表示法描述轻声的调值,但前者认为两种轻声调型分别为短促的低降调(31)和短促的半高平(44),比较合乎实际读法,后者把轻声的调值描写为仅有一个音高点,过于短促;(4)"四分"说所使用的术语"半音""中调""半高""低调"等概念不清,不合语言学规范,不够严密,也不好理解。

## 16. 外国人说汉语常有一种"洋腔洋调",应该怎样帮他们纠正?

答:"洋腔洋调"只是初学汉语的外国人或虽然学了很久但学得并不地道的外国人说汉语时的"洋味儿"特征,并不是所有说汉语的外国人必然会有的毛病。正像不少中国人说英语可以说得同以英语为母语的外国人一样好,不少外国人说汉语也能说得同中国人一样好。艺名"大山"的加拿大人就是一个突出的例子,他现在已经在中国中央电视台工作多年了。如果认为外国人难免"洋腔洋调",就会忽视对"洋腔洋调"的纠正。

那么,怎样才能使外国人克服"洋腔洋调"呢?

---

① 罗洪《普通话规范发音》,花城出版社,2008年。

首先，当然要了解"洋腔洋调"的根子是什么，就是产生"洋腔洋调"的缘由是什么。吴洁敏和朱宏达教授认为，"洋腔洋调"的形成，是"因为没有掌握第二语言的节律特征之故"，"要掌握一种语言，必须同时掌握它的节律特征"[①]。因此，要使外国人克服"洋腔洋调"，就必须帮助他们掌握汉语的节律特征。

那么，究竟什么是汉语的节律特征呢？

我们先从一个简单的例句说起。

假如一个初学汉语的外国学生走进中国商店，想对售货员说："你好！我要买一个玩具老虎。"但是他的发音却是这样：

（1）Ní hāo! Wō yáo mái yī gě wànjú lǎohú.

售货员虽然也能勉强听懂，却也明显地感到了对方说话的"洋味儿"，即"洋腔洋调"。为什么呢？因为这两句话一共11个字，除了"一"和"老"两个字外，其余9个字的声调都读错了。可见，学汉语不仅要读准每个字的声母韵母，还要读准汉字的声调。初学汉语的外国学生，在读单词时还能勉强读准声调，一旦连串成话，就往往把调说"跑"了。可见，声调是汉语的节律特征之一。

可是，即使每个字的声调都读准了呢？比如说成：

（2）Ní hǎo! Wǒ yào mǎi yī gè wán jù lǎo hǔ.

我们听起来感到尽管比（1）少了一点洋味儿，但仍然很生硬，不如中国人说的流畅自然。问题在哪里呢？

第一，（2）没有读出汉语的节奏。语流与说话人的气息相关，是有节奏的，每个节拍叫作一个音步。汉语的每个单字都体现为一个音节，但是在话语中，并不是每个字（音节）都相当于一个音步。像（2）那样一个音节一个音节地"蹦"出来，等于把每个字都读成了一个音步，这是在"咬"字音，不是在说话。在说话时，人们总是要按意念的疏密和声气的长短，把依次出现的字音重新分合成一个个"音步"，每组内部字音紧密连读，先后相邻的两组之间与组内各字之间相比，则相对疏缓一些，于是就出现了疏密有间的"节奏"。按照中国人的说话习惯，上面那位外国学生想说的话，应该分合成四个"音步"：

---

[①] 吴洁敏、朱宏达《汉语节律学》，语文出版社，2001年，"绪论"第3页。

(3)你好! 我要 买一个 玩具老虎。

第二,(2)没有按汉语的连读变调规则读。"你好"和"老虎"都是两个上声字的组合,按连读变调的规则,前一个上声字"你"和"老"应该读近似于阳平的变调。还有"一个"的"一"在去声字"个"前也应该读近似于阳平的变调。

第三,该轻读的字没有轻读①。"要"是助动词,"个"是量词,它们在话语中只在有强调意味时才读本音(去声),一般只需轻读就可以了。

因此,如果那位外国学生把话说成:

(4) Ní hǎo! Wǒ yao mǎi yí ge wánjù láohǔ.

这就合乎汉语的节律,没有"洋腔洋调"了。可见,除声调外,连读变调、轻读、节奏也都是汉语的节律特征。

关于连读变调和轻声的表现规则,读者可参阅本丛书另一分册《现代汉语语音答问》中的有关部分。至于节奏,由于句子形式变化万千,很难用规则来描述。不过可以强调的注意要点是:

第一,"音步"与"意群"有一定的关联。"意群"指语意联系较为密切的相邻单位的组合。复合词、词组、成语都是自然的"意群"。如果切分错了意群,就读破了句子,就不合语言的自然节奏。如上面的例句,"要买一""个玩具"就不是自然的意群,不能勉强合成音步。

第二,汉语的语流中,两字组合是最基本最常见的节奏单位。因此,像上面的"玩具""老虎"这样的双音节词占了现代汉语词汇的绝大部分。两字组合的二倍位数是最稳定最优美的节奏单位。因此,"玩具老虎"在句子中就很自然地组成了一个节奏组。汉语几乎全部成语和很多习用词组都取"2+2"的"四字格"形式。例如:

热火朝天　天长日久　国泰民安　狐假虎威　自相矛盾
胡思乱想　几次三番　头昏眼花　没完没了　一清二白

这些"四字格"在话语中也都是很自然的节奏组。

---

① "轻读"指因语用的因素发生在言语中的弱化音,其特点是声母、韵母不变而声调低平含糊。助动词、量词在非逻辑重音(不表示强调意思)时一般都是"轻读"。"轻读"与"轻声"不同:"轻声"是结构音,是词音的构成要素;"轻读"不是结构音,不是词音的构成要素,是语用音,所以可因语用需要而变换轻重。下文句(4)的注音用不标调号表示"轻读"。

第三,也有一些汉语复合词是"三字格",但按照内部字义结合的先后,可以分为两种类型:

2+1型:人民币 红绿灯 美人鱼 太空船 国庆节 葡萄糖
1+2型:发脾气 开夜车 为什么 白花花 娃哈哈 冰淇淋

这些三字词在话语中一般也构成一个自然的节奏组。当然,由于内部字义组合层次上有先后之别,因此结构上也有疏密之分。二字的先组合,然后再同另一字组合;二字内部关系紧密,它们同另一字的关系略疏松。因此读的时候,"人民币"应该读成"人民′币",不应读成"人′民币";"发脾气"应当读成"发′脾气",不应读成"发脾′气"。其余可类推。

语言表达的第一步要求是正确,第二步是优美。正确属于规范问题,优美属于修辞问题。我们这里所讲的节奏,仅限于节拍的正确性,属于规范范畴内的事情。吴洁敏和朱宏达合著的《汉语节律学》一书,从音顿律、长短律、平仄律、声韵律、重轻律、快慢律、扬抑律等七个方面分析汉语的节奏规律,并进一步描述了从音节到篇章、由低到高的不同节奏层次,内容丰富而精深,表述明白易懂,很有参考价值。该书所述已进入语音修辞领域,有兴趣深入学习的读者应该找来读一读。

除声调、连读变调、轻声和节奏以外,与节律有关的问题还有停延、句调和重音。这些都是有关节律的理性知识。实际上,要使外国学生掌握好汉语的节律,克服"洋腔洋调"的毛病,介绍一些理性知识固然必要,但更重要的是要引导学生多听、多练、多模仿,尤其是在中国普通话的语言环境中模仿中国人的话语腔调,从感性上"习得"汉语的节律。

## 思考与练习

1. 有人认为,北京作为金、元、明、清四代的首都,只有明代是汉族掌政的,北京话受胡人语言影响太深,是"胡化的汉语",因此普通话"以北京语音为标准音"是错误的抉择。你同意这样的看法吗?为什么?

2. 下面这首儿歌可以用来教学生练习儿化音。请尝试把其中儿化词的儿化音全部去掉读一读,看看会有什么效果。然后思考:为什么说儿化音不能从普通话规范中取消?

    小男孩儿,小女孩儿,
    跟着个老头儿进公园儿。
    男孩儿长个红脸蛋儿,
    女孩儿扎着俩小辫儿。
    男孩儿玩儿着个大皮球儿,
    女孩儿跳起了橡皮筋儿。
    忽然过来个大胖墩儿,
    抢走了皮球儿和皮筋儿。
    老头儿直骂大胖墩儿:
    "以大欺小啥玩意儿!"
    胖墩儿扔回皮球儿和皮筋儿:
    "别骂别骂逗你们玩儿!"

  3. "报酬—报仇""舌头—蛇头""孙子(儿子的儿子)—孙子(古代兵家)"这样的成对词,前一个是轻声词,后一个是非轻声词。搜集一下现代汉语中有多少这样成对的词。有人根据这种成对的词的形成认为轻声的功能之一是区别词义,这样的说法对吗?为什么?

## 参考文献

1. 陈海生(2009)对外汉语教材词语轻声标注状况考察,《现代语文》(语言研究版)第 3 期。
2. 劲松(2004)语言规范的现实性、动态性和前瞻性——评《现代汉语规范词典》轻声和儿化词的规范,《语言文字应用》第 2 期。
3. 林焘(1987)北京官话溯源,《中国语文》第 3 期;又收载于《林焘语言学论文集》,商务印书馆,2001 年。
4. 孙玉卿(2007)对外汉语教材中应重视轻声词的注音问题,《消费导刊》第 2 期。
5. 王理嘉(2005)儿化规范综论,《语言文字应用》第 3 期。

6. 吴洁敏、朱宏达（2001）《汉语节律学》，语文出版社。
7. 徐越（2005）对外汉语教学中的儿化问题，《语言教学与研究》第 5 期。
8. 言实（2004）关于普通话水平测试用普通话词语表的编制，《语言文字应用》第 3 期。
9. 杨益斌（2009）简论《普通话水平测试用必读轻声词语表》的得失，《现代语文》（语言研究版）第 5 期。
10. 朱昱（2009）《普通话水平测试实施纲要》中儿化词语的词形规范及数量控制，《黑龙江教育学院学报》第 4 期。

# 第四章　汉字规范问题

【内容简介】　对外汉语教学中的文字教学，应当按照《国家通用语言文字法》的有关规定教授规范汉字。中国大陆和台湾现行汉字使用标准的分歧有历史和政治的原因，但简化字在扫除文盲、普及教育、方便使用上的功效无可怀疑。"简化字无字理""推行简化字不利于继承传统文化"等说法是没有道理的。简化字的缺点既情有可原，又不可回避，这些缺点可以按"优化"的原则加以消除。"识繁写简"或"识正书简"会导致简化字规范地位的消解，在大陆不宜实行。汉字繁简问题的讨论应该"去政治化"。海外华语教育界的"简繁之争"宜乎休兵，简体繁体可以和平共处。包括简化字在内的规范字作为中国通用语言文字的有机组成部分将长期存在。未来全球华人终将实现"书同文"，将会在充分吸收现行简化字优点的基础上兼顾各方用字需要制定出"全球华文通用字表"。当前对外汉语教学中汉字书写规范教学受到了冲击和削弱，应当给予特别的重视和加强。

## 1. 对外汉语教学在汉字规范方面需要注意哪些问题？

答：这个问题既同对外汉语教学的性质和目的有关，又同国家的语言文字法规有关。对外汉语教学的"对外"表明了它的性质是"教外国人"。文字是书面语的记录形式。教学目的不仅是要让学生学会听、说，更是要让学生学会读、写。就是说，不仅要让学生掌握口语，更要让学生掌握书面语。由于它的"对外"性质,学生是把汉语作为外语来学的,在学书面语之前一般先学口语,打下一些口语基础,而学口语也要借助汉字。即便是从拼音入手的初级教学,也还是要落实到汉字及其记录的词语。这是因为汉语拼音只是注音和学习的工具,不是书面语的记载形式,不学会汉字就无法读、写书面语。现在中国的通用文字是规范汉字。只有让学生掌握规范汉字,他们才能读懂当前中国的一般出版物,才能把文章写得合乎当前的规范。《中华人民共和国国家通用语言文字法》第二十条特别规定"对外汉语教学应当教授普通话和规范汉字",就是基于上述考虑。其中"普通话"是口语的标准,"规范汉字"是书面语记录形式的标准。

## 2. 什么是"规范汉字"?"规范汉字"是否就等于简化字?

答:"规范汉字"这一用语,在黄伯荣、李炜主编的《现代汉语》教材中是这样解释的:"所谓规范汉字,是指国家有关部门以字表形式公布的、经过简化和整理的现行汉字。……规范字的形体,主要以国家正式公布的《简化字总表》《第一批异体字整理表》《现代汉语通用字表》等几个字表为标准。"[①]

1992年7月7日,新闻出版署、国家语言文字工作委员会联合发布《出版物汉字使用管理规定》,其中使用了"规范汉字""不规范汉字"等用语,并对所指和使用范围表述如下:

  第三条 本规定所称的规范汉字,主要是指1986年10月根据国务院批示由国家语言文字工作委员会重新发表的《简化字总表》所收录的简化字;1988年3月由国家语言文字工作委员会和新闻出版署发布的《现代汉语通用字表》中收录的汉字。

  本规定所称不规范汉字,是指在《简化字总表》中被简化的繁体字;1986年国家宣布废止的《第二次汉字简化方案(草案)》中的简化字;在1955年淘汰的异体字(其中1986年收入《简化字总表》

---

[①] 黄伯荣、李炜主编《现代汉语》(上册),北京大学出版社,2012年,第141页。

中的 11 个类推简化字和 1988 年收入《现代汉语通用字表》中的 15 个字不作为淘汰的异体字）；1977 年淘汰的计量单位旧译名用字；社会上出现的自造简体字及 1965 年淘汰的旧字形。

第五条　报纸、期刊、图书、音像制品等出版物的报头（名）、刊名、封皮（包括封面、封底、书脊等）、包装装饰物、广告宣传品等用字，必须使用规范汉字，禁止使用不规范汉字。

出版的内文（包括正文、内容提要、目录以及版权记录项目等辅文），必须使用规范汉字，禁止使用不规范汉字。

第六条　向台湾、香港、澳门地区及海外发行的报纸、期刊、图书、音像制品等出版物，可以用简化字的一律用简化字，如需发行繁体字版本的，须报新闻出版署批准。

第七条　下列情形可以不适用第五条、第六条的规定：

（一）整理、出版古代典籍；

（二）书法艺术作品；

（三）古代历史文化学术研究著述和语文工具书中必须使用繁体字、异体字的部分；

（四）经国家有关部门批准，依法影印、拷贝的台湾、香港、澳门地区及海外其他地区出版的中文报刊、图书、音像制品等出版物。

从上述规定可以看出：(1) 规定中所说的"规范汉字"的范围基本上相当于《现代汉语通用字表》中收录的汉字，它包括收进《简化字总表》中的简化字和一部分"传承字"。(2) 与合法的简化字相对的繁体字和被淘汰的异体字等则被视为"不规范汉字"。(3) "规范汉字就是标准汉字"。[①] 国家关于汉字规范的标准是刚性的，不像轻声、儿化的规范还有一些柔性。(4) 国家对于出版物用字的管理比较严格。当前我国教育、新闻出版和社会各界用字标准比较一致，显然与这些规定和管理有关。

然而，上述规定中的表述也有个问题：即便包括了经过类推产生的"简化字"，《现代汉语通用字表》所收的"规范汉字"也只有 7000 个，并不能满足所有用字场合的需要。规定中既说在特殊情形下经批准可以

---

① 苏培成《汉字字形规范的理论和实践》，收载于苏培成、尹斌庸编著《现代汉字规范化问题》，语文出版社，1995 年，第 38 页。

使用繁体字和异体字,却又把繁体字和异体字称为"不规范汉字"。而"不规范汉字"是个否定性的、明显带有贬义的概念。既然允许使用,又称之为"不规范",在逻辑上显然不够严密,经不起推敲。

随着改革开放的进一步深化,繁体字古籍印刷物的增加,使用繁体字的香港、澳门的回归以及台湾与大陆关系的发展,"不规范汉字"这一用语日益显得不合时宜。2000年国家颁布了《中华人民共和国国家通用语言文字法》,其中尽管仍然使用"规范汉字"这一用语并在第十七条中列出了"可以保留和使用繁体字、异体字"的六种情形,但没有再使用"不规范汉字"的说法。这里大概包含了回避有争议用语的意思。然而问题只是被掩盖了,矛盾依然存在:7000个"规范汉字"以外的传承字、异体字,假如不称为"不规范汉字",那么算什么呢?

不过话说回来,用语问题属于学术范畴,可以由专家和有关主管部门去推敲。作为对外汉语教师,我们应该做的是按照国家法令法规从事教学。《现代汉语通用字表》的7000个标准字形已被对外汉语教学使用。1988年1月国家语委和国家教委联合发布了《现代汉语常用字表》,分常用字(2500字)和次常用字(1000字)两个部分,计3500字。据研究,2500个常用字对当前中国大陆一般出版物的覆盖率达97.97%,常用和次常用合计的3500个汉字的覆盖率达99.48%[①]。可见《现代汉语通用字表》的7000字已足够对外汉语教学使用了。

## 3. 在海外从事汉语教学,大陆去的教师和台湾去的教师执行的是不同的规范标准,这个分歧是怎样产生的?

答:同样是汉民族共同语的标准形式,中国大陆叫"普通话",台湾叫"国语",这只是名称的不同,内涵还是一样的。给汉字注音,大陆用拉丁字母的《汉语拼音方案》,台湾一直用"注音字母"。前几年又公布了"国语罗马字"作为注音字母的"第二式",注音手段的不同并不牵涉标准的实质。大陆和台湾规范标准的主要分歧在于书面语的用字,大陆

---

[①] 傅永和《现代汉语常用字表的研制》,《语文建设》1988年第2期;王敏《新中国常用字问题研究概述》,《语言文字应用》2007年第2期。

以简化字为标准字,台湾使用繁体字(马英九执政后主张改名为"正体字")。语文固然不是政治,但语文政策是政府工作的一部分,大陆和台湾简体和繁体的标准分歧,来源于政治对立和行政分治。

文字是教育的工具,教育是推动国家现代化的基本手段。在国家贫弱、文盲充斥、教育水准极端低下的旧中国,凡主张简化汉字者,大抵出于一种"教育救国"的情怀,认为简体字有利于普及国民教育。因为作为识字扫盲的工具,简体字的优点是显而易见的。所以汉字繁简之争,最初并不和党争政见相关联,只在简化汉字功效如何之类学术讨论中进行。而主张汉字应该简化的人,也多为一些推动时代潮流的先进知识分子。其中最早倡议汉字简化的是清末民初的陆费逵。1909 年,教育界学者陆费逵在《教育杂志》创刊号上发表《普通教育应当采用俗体字》一文,列出俗体字(即简体字)学习使用的种种便利。这是现代汉字简化历史上第一篇倡议书。但当时时局动荡,清政府正处于风雨飘摇之中,自身尚且不保,更无力量顾及教育。社会人士对陆的文章也应者寥寥。1921 年,已是民国十年,陆又重拾旧事,发表《整理汉字的意见》,文中提出了两种"整理"办法:一、限定 2000 个左右的"通俗字";二、减少笔画,包括:1. 使用已有社会基础的简笔字;2. 改变笔画多的字为笔画少的字形。应该说,陆的这些设想和后来简化汉字的方法已经相当接近,不同之处仅在于没有提出偏旁的简化。

如果说,上述陆费逵的汉字简化主张还仅是个人行为的话,那么紧接着的 1922 年,由钱玄同、黎锦熙、杨树达、陆基等在国语统一筹备会第四次大会上提出的《减省现行汉字笔画案》,以及由 15 人为委员的"汉字省体委员会"已经是在相当高的学术机构(国语统一筹备会隶属于教育部)上由著名学者组成的有代表性的"准政府"行为了。尽管当时认为汉字改用拼音是"治本",简化汉字是"治标",但是毕竟看到了简体字的作用,并在提案中提出了承认简体字合法性的要求。这一提案实际上成了十多年后简化字方案的先声。1934 年,钱玄同提出《搜求固有而较适用的"简体字"案》,1 月 7 日在国语统一筹备委员会第 29 次常务委员会获得通过。该案提出了搜集简体字的具体方法。常务委员会决定由钱玄同搜集编印简体字。1935 年,钱玄同编成了收有 2400 多字的《简体字谱》。同年 8 月,国民政府教育部公布了《第一批简体字表》,其中收字 324 个，都是从钱玄同编选的《简体字表》中圈选出来的。然而遗憾的是，次年 2 月，国民党政府又训令"不必推行"，使一次很有意义的工作刚开端就中断了。然而我们从这一事件中也可看出汉字简化本来与政治倾向无关，只是为了便捷。此事过后不久，抗战爆发，战后国共两党间又爆发了内战，简化汉字一事于是被悬置起来。

1949 年中华人民共和国成立，政府就立即着手汉字简化的研究。10 月 20 日中国文字改革协会第一次理事会研究的问题，就有汉字简体化。1950 年，中央人民政府教育部社会教育司简体字研究组举行了简化汉字的第一次座谈会，确定了选定简体字原则的草案。1952 年，中国文字改革研究委员会汉字整理组已经初步决定了第一批简化字的草稿。而在海峡另一边的"教育部"，也在 1953 年先是邀请有关专家举行简化汉字座谈会，继而又成立由 15 名委员组成的"简体字研究委员会"。9 月，"考试院"副院长罗家伦在国民党中央举行的"总理纪念周"会议上，专就中国文字简化问题发表演讲，援引蒋介石的话，力主简化中国文字。他还在社会、学校进行倡导宣传。倘若不是中途杀出"立法委员"廖维藩这匹黑马，台湾的汉字简化也许会另有一番天地。

1954 年 2 月，廖维藩提出一份有 106 人署名的针对罗家伦的提案，斥责提倡简体字者是"类似匪谍行为"的"毁灭中国文字"的"民族文化罪人""不肖的知识分子"。提案经"立法院"会议讨论，各方意见不一。罗家伦为坚持己见，于 3 月出版《简体字运动》作为答复。然而争端既已政治化，简体字的推行已不可能。1956 年，中国政府正式公布了《汉字简化方案》，台湾当局在此事上更是采取了完全对立的立场。尽管台湾学术界仍偶有一些研究和讨论，然而政府一级的简化字工作终于休止。这一休止就是半个世纪。海峡两岸的文字规范终于形成了一简一繁的两套标准。

## 4. 现在，海内外有一些人认为推行简化字是政府强制行为，不符合汉字发展的规律。对此应该怎样看待？

答：推行简化字固然是政府行为，但是不能仅仅因为是政府行为就怀疑它的正确性。语文问题事关国家发展，国家有责任施行管理。中国历史上一些著名的语文改革，比如秦代"书同文字"、唐代颁布"字样"、清代在闽粤等省设立"正音书院"、民国初年推行"国语"，都是政府行为。政府行为带有强制性，也不一定就不对，有些事情反而是因为强制才有功效。不过汉字简化问题由于具有较强的学术性，必须以专家的研究为基础。事实上，当年制定汉字简化方案的机构——中国文字改革委员会，就是由众多专家学者组成的学术机构。政府的作用只是对这些专家们经研究制定的方案进行行政上的审批和推行而已。因此，推行简化字，应该说是政府和专家合力的结果。至于其中成败得失，应该在排除个人好恶和情感的前提下冷静客观地加以分析。下面联系个人体会谈谈对汉字简化的认识。

首先，应该肯定，汉字简化是符合语言文字使用和发展的基本原则"经济原则"的。经济原则又叫"省力原则"，指在保证信息准确和交际顺畅的前提下，语言单位会向最省力的方向演变。不仅语言是这样，文字也是这样。汉字在长期的历史发展中有简化和繁化两种方式，但从总体情况看，简化还是主要趋向。甲骨文和金文都是图形文字，写字类似画图，比较麻烦；篆文线条化了，好写多了；到了隶书和楷书，就完全笔画化了，形体简单多了，也便于书写和记忆了。从字形上看，早期的文字构成往往不避繁复。比如"车"，甲骨文和金文画有两个轮子，到篆文中就只剩下一个轮子，跟隶书、楷书差不多了。再如"雷"字，金文和大篆中"田"（雷声的象征符号）多到四个，在小篆中还有三个，楷化以后就定型为"雷"，只留下了一个"田"。至于繁化，只占汉字的少数，主要出于区别意义的需要。比如"然"字，本来的意义是"燃烧"，后来这个字被借作表示"如此、这样"的意义，人们为了把两个意义区别开来，就在它的左边又加了一个"火"旁，让它仍表示原来"燃烧"的意义。这样，一个字变成了两个字，表示的意义也准确了。总之，简化为了书写简便，繁化为了区别字义，汉字的发展过程就是一个不断在"简便"和"区别"之间寻找平衡的过程。现代汉语的语言使用单位是"词"不是"字"，"词"多由两个或两个以上的"字"组成，于是，词义的准确表达，往往靠"词"形的加长（即组成一个词的字数增加到两个或两个以上）来实现，每个单字在词中的意义负载量减轻了。因此现代汉字的繁化趋向已基本停止，简化成为主要趋向。

第二，简化汉字达到了当初所追求的加快普及教育速度的目的。汉字带给人们的沉重负担，主要不在学会后的使用阶段，而在初学时的识记阶段。与拼音文字相比，汉字的识字负担要大得多。我们大家对小学识字阶段所感受到的繁难应该还有记忆。然而现在60岁以下的人当年所学的已经是简化汉字，因此对于60岁以上的人当初学繁体字所经历的困难是无从想象的。我是1950年上小学的，1956年上初中时国家公布简化字。我对繁简两体在识记和书写上的利弊有切身感受。"蟲"字18画，简化成"虫"，只有6画；"麗"字19画，简化成"丽"，只有7画；"學"字16画，简化成"学"，只有8画；"繼"字20画，简化成"继"，只有10画。这些都是常用字。对于一个小学生来说，写字时要把十几甚至二十几画的字塞进一个小框之中，太不容易了。所以到初中可以写简化字了，大家都非常高兴。在解放初，农村还很贫穷落后，普及教育还谈不上，我所在的村子当年只有我一个人上了初中，青少年大多是文盲、半文盲。政府动员他们参加识字班"扫除文盲"，我还当过"小先生"。简化字显然更便于"扫盲"。苏培成先生算过一笔账：《简化字总表》有2235个简化字，总计笔画23025画，平均每个字10.3画；简化字所代替的2261个繁体字，总计笔画是36036画，平均每个字16画；简化字比繁体字每个字少5.7画，如果写2000个简化字，合计可以少写10000画。[①]我国规定，扫除文盲的识字标准，城镇居民是2000个汉字，农民是1500个汉字。解放初中国大陆的文盲占80%以上，目前据有关方面统计，中国大陆人口的识字率已达95%，青壮年已基本扫除文盲。在13亿人口中获得如此巨大的教育成就，简化字在其中所发挥的作用不应当被低估。无论是倡导汉字简化的专家学者还是下令推行《汉字简化方案》的中国政府，共同的愿望首先都是普及教育。现在愿望还没有完全实现，我们没有理由怀疑简化字的功效。

---

[①] 苏培成《现代汉字学纲要》（增订本），北京大学出版社，2001年，第117页。

5. 有人说：香港和台湾使用繁体字，也实现了教育普及和社会繁荣，可见简化字对推进现代化未必有功效。这样的说法是不是有道理？

答：香港和台湾经济发达、社会繁荣是事实，但是不能用这个来否定香港人和台湾人在幼年识字阶段要付出的沉重代价。这个代价是隐形的，无法做具体统计的。至于说文字的体制与社会的兴衰没有必然联系，这一观点我们现在也是同意的，香港和台湾的事实正好说明了社会经济有自身的运行规律，不宜生硬地同文字体制捆绑到一起来谈论。然而提问题的人用香港、台湾的繁荣发达来否认大陆推行简化字的功效，就忽视了大陆和港台之间不可比拟的情况。大陆幅员广大，人口在上世纪50年代初已达5亿，贫穷落后的情况远远超过香港、台湾。香港只是一个面积和人口只相当于半个上海的城市，台湾的人口也只有大陆的约1/50。大陆社会的治理和发展，难度自然要远远超过香港、台湾。正像我们不宜把上海一地的经历套用到内地其他省市的城乡一样，香港与台湾的情况也不可能在大陆复制。我们所知道的事实是，在改革开放之初的1982年，中国大陆人口10亿，其中文盲、半文盲近3亿。到1992年，这个数字仍达2.3亿，相当于台湾总人口的10倍多，香港人口的约60倍。直到近期，大陆文盲、半文盲仍有1300万人，相当于台湾总人口的1/2、香港总人口的两倍多。众所周知，文盲与贫穷往往有因果联系。据报道，大陆现在未脱贫人口仍有2000多万（接近台湾人口的总数，是香港人口的4倍），在广大的西部地区，许多家庭因贫穷而无法让孩子上学，而孩子不能上学又使家庭失去了脱贫的希望。有的家庭暂时脱贫后又"返贫"，"返贫"和"返盲"往往互为因果。在这样的情况下看简化字的功效，也许能得出更为客观公道的结论。实际的功效不易具体描述，但简化字可以提高识字效率则是无可争议的。如果同意这一基本见解，那么我们也许可以推断：假如没有简化字，中国大陆的文盲、半文盲人口也许更多，贫困人口也会更多。

总之，关于简化字的社会功效可以这样说：它是一种体现人文关怀的、扶贫济弱的"雪中送炭"，它加快了中国大陆普及教育、扫除文盲这一目标的实现,它对于社会发展和经济繁荣的作用是隐蔽的、间接的,但却是无疑地存在着的。

## 6. 有人说:学简化字不利于继承传统文化,学繁体字有利于继承传统文化。这话有道理吗?

答:这话看似有道理,其实没道理,是似是而非的观点。

首先,它混淆了文字和文化的关系。文化包含非常广泛的内容。关于文化的经典性定义,是著名的英国文化人类学家泰勒的说法:"文化,或文明,就其广泛的民族学意义来说,是包括全部的知识、信仰、艺术、道德、法律、风俗以及作为社会成员的人所掌握和接受的任何其他的才能和习惯的复合体。"[①] 文字是记录语言的工具。由于书面语中记载着人类自有文字以来大量的文化活动及认识成果,与民族文化有着密切的关系,因此在某种意义上可以说,汉字是汉文化的一个组成部分,但是从根本上说,它们之间只能是记载工具同所记载的内容之间的关系。人类文化或文明的进程因有了文字而加快,民族文化传统也因有了民族文字而更便于保留和传承;而汉字的特殊性决定了汉字本身也隐含着一定的中华文化之理念。但是,文字毕竟不等于文化,不等于文化传统,更不是传统文化的代表。再说,文化是民族精神和民族性的表现,它不仅记录在书面文献中,更大量地表现在普通民众生产生活的一切方面,有时在不识字或识字不多的底层民间反倒能发现继承且保存得很好的"传统文化"。孔子说的"礼失,而求诸野"就是指这种情况。辛亥革命以来,为中国现代化而高举的革命旗帜已经飘扬了一百年,孔子曾被打倒多次,社会面貌的变化可谓翻天覆地,然而至今广大民间,尤其是不识字或识字不多的农民,对一个人做道德评价时的最高级用语还是"很仁义",反之则谓之"不仁不义"。由此可见,识字读书的多少与文化继承能力并无一定的数量关联。

其次,这种观点虚构了字体的文化传承功能,又夸大了简化字和繁

---

① [英]爱德华·泰勒《原始文化》(重译本),连树声译,广西师范大学出版社,2005年,第1页。

体字之间的对立关系。中国传统文化典籍的形成,如果从孔子删定"六经"算起,已有两千多年,文字体制已几经巨变。孔子所使用的字体应该是"古文"(大篆),到秦代各国文字已经统一为"小篆",秦汉之际则变为"隶书",魏晋时又变为"楷书"。后代至今所读的经书,都是楷书的抄本和印本,从来没用过大篆和小篆的本子。隶化楷化虽是汉字体制最为巨大的变化,却并未影响到后人对传统文化的继承。简化字只是在楷体基础上对少数汉字的简化整理,还不属文字体制的改变;规范汉字不仅包括简化字,也包括未简化的传承字,繁简字体之间并不存在鸿沟。学过简化字的现代人要读古籍,可以读用规范汉字翻印的古籍。即便阅读繁体字印本,也没有太大的困难,只要把《简化字总表》看几遍,掌握繁简汉字的对应关系就可以了。固然,阅读要追求速度,而要达到一定的速度就需要非常熟悉繁简对应关系。为了尽早在记忆中建立这种对应关系,可以在中小学各册语文教材中附上该册生字的简繁对照表,供学生自学,但不列入教学内容和测试范围,学生可以利用此表"无师自通"。

其三,这种说法夸大了现代人读古书的必要性。在任何时代,以研读古籍为职业的都只占社会人口的极少数,大多数人学习语文只是为了把它作为一门工具,以便读写现代书面语。对于有职业需要的少数人,不仅可以通过专业培训使其熟练掌握传承汉字,而且还可以通过系统学习培养出专门识读古文字的人才。专业需要不同于大多数人的一般需要。即便是经济文化相对发达的港台社会,真正以钻"故纸堆"为生的人也可能不足万分之一。我们没有必要为满足这样少数人的职业需要而让所有孩子从幼年起就花大量时间去识记繁体字。

进入新世纪以来,学术界和民间社会都兴起了以复兴"国学"为旗号的传统文化热潮。然而在民间社会,无论是学《论语》《庄子》,还是《三字经》《弟子规》,乃至诵读古诗,我们所见,使用的都是经当代专家整理解说后新出版的简化字本,这也说明简化字对于继承传统文化并无妨碍。总之,以继承传统文化的需要为由而取消简化字,是经不起推敲的说法。

## 7. 有人说：简化字无字理，繁体字有字理。这话对吗？

答：所谓字理，就是汉字构造的理据。通常分析字理，是用许慎说的"六书"，即象形、指事、会意、形声、假借、转注等六种方法①，分析形、音、义之间的关系。合乎"六书"的，就认为有字理，不合的就认为无字理。

汉字是表意文字，也是语素文字。当初造字，确实是有理据的。但是对于字理分析，我们也不必太拘泥，以为每个字都必须分析出造字理据来才能学习和使用。其实只有专门研究文字学的人才需要下这番工夫。文字是书写符号，一般人只要记住字形、读对字音、用对字义就可以了。当然，做一些字理分析，可以增添学习趣味，有助于理解和记忆，也未尝不可。因此老师在教字时有时也可以做一点字理分析。但是我们也应知道，要把字理讲到个个都合乎当初造字时的用意的程度，几乎是不可能的事。因为一则需要追溯到甲骨文，而很多字甲骨文中并没有；二则上古汉字经过从甲骨文到篆文、从篆文到隶书这两次大变革，早已"面目全非"，后人根据变化了的字形去分析字理很容易出错。连许慎在《说文解字》中也难免出错。比如他把"王"字的三横解为分别代表"天、地、人"，中间一竖表示"贯通三者"之意，说"一贯三为王"。但是今人根据甲骨文和金文，考出"王"字的初文是斧头的象形，用斧头象征商代国王有生杀大权，与后起的"天、地、人"三才思想并无关系。不过，尽管许慎讲错了，后人也跟着理解错了，对学习和使用"王"字也并无妨碍。繁体字的字理，有不少都跟这个"王"字差不多，相当隐蔽曲折，不容易说清楚。比如"龍"是个象形字，但左右两部分是断开的，它与这种想象中的动物的形体是怎样对应的？为什么会断成两部分？有多少人能说得清？还有像"為、熊、態、要、是、興、難"等字，要讲清它们的字理，要用很多古文字学的知识，得费一些考据的工夫，说上一大篇话。一般学习者是根本用不着去下这番工夫的。

---

① 据研究，"六书"中属于造字方法的只有象形、指事、会意、形声四种，假借和转注实为"用字"方法。

不过话说回来，简化字毕竟也是汉字，如果能在简化过程中兼顾到字理，使人们便于分析、理解和记忆，岂不更好？实际上，简化字在简化过程中是考虑到了字理的，有些字简化得还相当高明。例如：

龟：繁体为"龜"，象形字，17画，字形结构复杂，难记难写。简化字仅7画，仍为象形字，字形简明，易记易写。

尘：繁体为"塵"，意为鹿奔跑时扬起的尘土，会意字。但现代人已很难见到鹿，更想象不出它们奔跑时一定会带起尘土，因此这个字的理据实际上已很隐曲微弱。简化字从"小"从"土"，仍是会意，理据则豁然明朗。笔画从原来的14画减少到6画，而且轮廓鲜明，便于识记。

笔：繁体字为"筆"，从竹，聿声，是个形声字，但"聿"字现代读yù，又很罕用，因此"筆"字的构形理据也很隐晦。"笔"字为会意字，与中国毛笔形体材料相合，字理简明，笔画从12画减到10画。

惊：繁体字为"驚"，从马，敬声，是个形声字。古代人与马关系密切，大概观察到马易受惊，所以把"馬"作为义符。但此字也兼表人受惊吓义，且现代人与马关系疏远，因此"驚"字的理据已变得相当隐曲。简化字"惊"仍为形声字，但改用表示人类心理情感的"忄"（"心"的变形）旁，与"情、悦、慌、恼、怡、愤、怒、急"等字为一类，理据更合理，也更明确了，声符与字音也更一致了，笔画从21画减到11画。

护：繁体字为"護"，是个形声字，表示以言语相护。但声旁"蒦"的读音 huò 与"護"的读音 hù 只是相近，而且它在古代就是罕用字，现代已不用，是个"死字"，现代人很难明白"護"的字理。简化为"护"，仍为形声字，声旁表音准确，形旁（义符）表示以"手"（扌）护卫，与"把、持、挡、操、推、打、擎、拿"等字为一类，字理准确明白，笔画也从20画减到7画。

像上面这样的字还可以举出不少，如：虫（蟲）、网（網）、粮（糧）、担（擔）、响（響）、丛（叢）、忧（憂）、灭（滅）、蚕（蠶）、蝇（蠅）、迁（遷），等等。总之，我们觉得笼统地说简化字没有字理，是缺乏根据的，至少是不全面的。

## 8. 海内外有那么多人长期以来一直"坚持不懈"地批评简化字，总不能说简化字完美无缺吧？它究竟有哪些可改进之处？

答：简化字是有可改进之处的。当时无形中有那么一种片面想法，认为反正汉字迟早要改成拼音文字，现在简化汉字只是为扫除文盲、普及教育铺平道路，不妨大量减少汉字总数和单字笔画数以便提高识字效率。这样的片面想法给简化字造成了一定的缺陷。长期以来，已有许多学者发文提出了尖锐批评。这里综合各家意见，择要指出简化字明显存在的以下四个方面的缺陷[①]：

(1) 破坏了部分汉字单字的美感

甲骨文、金文的字形是凌乱、不整齐、不均衡的，篆文单字字形比较整齐划一了，但笔形繁杂。隶书、楷书不仅字形整齐划一了，方块化了，笔形也规范化了，而且单字内部无论笔画多少、结构简单还是复杂，配置都疏密有致、稳重均衡，合乎观赏要求，具有一种美感。但有些简化字只顾减省笔画，损害了稳重均衡的美感，给人以残缺不全的感觉。例如（括号内为对应的繁体字）：

a. 右下空缺不稳：厂（廠）、广（廣）、产（產）、严（嚴）；

b. 中部或右中部空洞无物：苎（苧）、伫（佇）、纻（紵）、贮（貯）、汇（匯滙）。除"汇"字省去笔画较多外，其余以"宁"为偏旁的仅仅减去一画，最得不偿失。

(2) 造成大量新的形近字

本来汉字系统中也有形近难辨的字，但仅有少量的几组，如：末未、己已巳、戊戌戍戎等，简化字造成了更多的新形近字。例如：

仅反、仓仑、迁迂、诒诒、抢抡、伦仑、汇江、问向、处外、没设、谈谈、报极、竟竟、拨拔、获荻、菜菜、儿几、归旧、无元、扰拢、沧论沧

---

[①] 沈克成《汉字简化说略》，人民日报出版社，2001 年；周胜鸿主编《汉字书同文研究》第七辑，香港鹭达文化出版公司，2008 年。

这些形近字，有些即便在具体上下文中也须费神分辨。如"没有"和"设有"就经常被认错；宁波的"北仑港"，经常被写成"北仓港"。另外还有"鸟（鳥）"和"乌（烏）"，也是繁体容易区别，简化字"鸟"的第三画那一"点"太小，又与第二画的"勾"尖儿太近，很不易辨认。著名的"乌鲁木齐"事件即与此有关。①

（3）过多使用"记号"。"记号"既非声旁，又非形旁，古代就用于造字，有简明功效。但简化字由繁体字而来，如果同一记号所代替的偏旁过多，就会使人觉得凌乱、无条理。例如：

用"又"代替的偏旁或部位有16种：双（雙）、树（樹）、轰（轟）、聂（聶）、圣（聖）、变（變）、发（發）、仅（僅）、汉（漢）、叹（歎）、艰（艱）、难（難）、对（對）、戏（戲）、鸡（雞）、邓（鄧）、凤（鳳）、观（觀）、劝（勸）、权（權）、欢（歡），计21字；

用"云"代替的偏旁有6种：动（動）、层（層）、坛（壇）、尝（嘗）、运（運）、酝（醞），计6字；

用"乂"代替的偏旁有5种：区（區）、风（風）、赵（趙）、冈（岡）、卤（鹵），计5字。

（4）同音归并不当，产生大量"非对应简繁字"

同音字组有多种。有的其中一字是多音字，另一字只有一音，如"系—係繫"："系、繫"有xì、jì二音，而"係"只有xì一音，三个字的音义和用法只有部分对应。有的虽完全同音，但意义完全不同，如"松—鬆"。简化汉字时只追求"精简字数"，没有顾及种种复杂情况，归并的同音字太多，造成了理解和使用上的麻烦。在改革开放前，问题的严重性尚未完全显露。改革开放后，港台印刷品和音像制品进入内地，特别是电脑普及后两岸三地交往日益便捷，但在繁简文本转换过程中出现了很多笑话，这一问题才引起了人们的关注。例如：

松—鬆："松"为"松柏"的"松"，"鬆"为"松软、膨松"之义。但简繁转换出现了"不老鬆""武鬆""鬆花江"等错误组合。电视剧

---

① 1980年，乌鲁木齐市一家挂面厂在日本印制1000卷重达10吨的塑料包装袋。包装袋的图案和样品虽经国内有关部门审查，但收到成品后却发现袋面上的地名是"鸟鲁木齐"，于是这批包装袋不得不全部报废。一字之差损失18万元，一时轰动全国。

《大清药王》场景中的牌匾题字用繁体，应为"松壽堂"，错成了"鬆壽堂"。

发—發髮："發"音 fā，是"发射、发达"的繁体，"髮"音 fà，是"毛发（fà）"的意思，二者本不完全同音，归并后同时简化为"发"，致使很多人把"头发""理发店"误读成 tóufā、lǐfādiàn。有的店铺牌匾用繁体字，用的却是"美發美容""發藝"等字样，"洗髮液"也成了"洗發液"。相反，该用"發"的又用成了"髮"，如"髮明""髮现"等。

里—里裏："里"为"邻里""里程"的"里"，"裏"为"裏外""这裏、那裏"的"裏"。简繁转换后，常出现"鄰裏""裏弄""阿裏山""鵬程万裏""一去二三裏""裏程碑""人大常委會委員長萬裏"等错误。

干—干乾幹："干"本来仅有 gān 一个音，是"天干、干戈"的"干"。"乾"有 gān、qián 二音，读 gān 时，是形容词"乾燥"义；读 qián 时，是"乾坤""乾卦""乾隆（年号）"的"乾"。"幹"音 gàn，是"骨幹""幹部"的"幹"。三字归并为"干"后，"干"成了 gān、gàn 两音的字。《简化字总表》特地加注："乾坤、乾隆的乾读 qián，不简化。"但简繁转换后仍出现了"乾事（干事）、高乾（高干）、乾部（干部）"等错误，繁简转换后则出现了"干坤（乾坤）、干隆（乾隆）"等错误。

这种"非对应简繁字"，既有"一简对多繁"的，也有"一繁对多简"的，而以"一简对多繁"为多。经研究，两项加在一起应有 200 余组之多。① 它们给当前的社会用字造成了新的混乱，也给编辑校对工作造成了沉重负担。王尧世先生有感于此，为了消除电脑简繁汉字转换的失误，编成了一种名为《简繁通》的软件，并在香港《语文建设通讯》2010 年 5 月号（第 95 期）上刊出《介绍〈简繁通〉软件》予以推荐。据说十分方便好用。有兴趣者可以按其提供的下列网址去下载试用：http://www.km2000.com.cn。

---

① 见香港《语文建设通讯》2010 年 5 月号（第 95 期）刊出的《"非对应简繁汉字"关系表》（胡百华执笔）。该表列出字组 292 组，其中包括 46 组被认为归并合理的异体字组。

## 9. 简化字既然确实有可改进之处，是否可以修订一下，使它更加合理化一些？

答：当然可以。实际上从上世纪50年代公布简化字后，使简化字合理化的工作，有关方面一直也在做。不过不叫"合理化"，而叫"调整"。调整工作也包括精简字数和减省笔画两个方面。

（一）精简字数方面的调整。1955年12月22日，文化部和原"文改会"联合发布了《第一批异体字整理表》，其中收列810组异体字，共计1865个单字，每组选留1字，共810字，淘汰1055字①。事后证明这项工作基本上是成功的，所选留的810个字大多被1956年发布的《汉字简化方案》和1964年发布的《简化字总表》采用。但经过多年的实践经验，并汇集各方面专家的意见，1986年10月10日重新发布的《简化字总表》又从上述的淘汰字中选用了"訢、谦、晔、眘、诃、鳡、䌷、刬、鲙、诓、雠"等11个类推简化字为规范字，不再作为淘汰的异体字。1988年3月25日，国家语言文字工作委员会与新闻出版署联合发布《现代汉语通用字表》，又把上述淘汰字中的"翦、邱、於、澹、骼、彷、菰、溷、徵、薰、黏、桉、愣、晖、涠"等15个字恢复为规范字②，不再作为淘汰的异体字。经过上述调整后的《第一批异体字整理表》由原来的810组异体字减少到796组，淘汰的异体字由原来的1053个减少到1027个。

（二）减省笔画方面的调整。这方面的调整是通过不断修正完善《汉字简化方案》和公布《简化字总表》来实现的。从1956年2月1日到1959年7月15日，《汉字简化方案》的简化字是分四批进行的，总共公布了517个简化字和54个简化偏旁。在陆续公布和试用的过程中，发现《方案》中有不完善的地方。当时还没有与港台交流以及计算机简繁转换这样的背景，所以发现的问题还比较表面。比如：（1）某些同音代替字可

---

① 因1956年文化部和文改会又通知恢复其中"阪、挫"2字，故实际淘汰为1053字。
② 这15个字在1965年发布的《印刷通用汉字字形表》中已列入，这次只是进一步确认而已。

能引起歧义：如以"象"代"像"，但"铜象"是铜的大象还是铜的人像？以"仓"代"舱"，那么"仓门"是仓库的门还是船舱的门？（2）简化字表与简化偏旁表有矛盾，如金旁简作"钅"，但简化字表中却出现"铁、钟"等字样（应为"铁、钟"）；又如54个简化偏旁中有40个能独立成字，却未规定它们成字时是否也应简化，于是就出现了"骑马"这样的组合（这种矛盾在当年的印刷品中仍保留着印记）。（3）简化字可否作偏旁？简化偏旁类推有无范围？由于规定不明确，就出现了"华、仓"已经简化而"桦、苍、舱"仍是繁体的矛盾。这些不完善的地方，有些就及时做了调整。1964年3月7日，文改会、文化部、教育部联合发出《关于简化字的联合通知》，明确规定："方案中所列的简化字，作偏旁时应同样简化；偏旁简化表中所列的偏旁，除讠、亻、纟、钅外，偏旁独立成字时，应同样简化。"这样就消除了简化字和简化偏旁之间隐含的矛盾。为了明确类推简化的范围，文改会又于1964年5月编印了《简化字总表》。这份《简化字总表》在1986年重新发表时，又做了如下调整：

（1）"叠、覆、像、啰"不再作"迭、复、象、罗"的繁体字处理，"啰"按简化偏旁类推改作"啰"。

（2）"瞭"读 liǎo（了解）时，仍简作"了"；读 liào（瞭望）时作"瞭"，不简作"了"。

（3）对"余（馀）"的原有脚注做了补充：在"余"和"馀"意义可能混淆时，仍用"馀"。如文言句"馀年无多"。

（4）对第三表"讠"简化偏旁类推出来的简化字"雠"加了脚注：雠，用于校雠、雠定、仇雠等。表示"仇恨、仇敌"义时用"仇"。

重新发表的《总表》，第一表收简化字350个；第二表收简化字132个，简化偏旁14个；第三表收简化字1753个：共计2235个。以上就是简化汉字笔画工作的大致情况。①

经过这样多次调整的简化字，应当说比上世纪50年代发表的简化字方案完善多了。但是进入新世纪以来，由于改革开放的深化，国家各项

---

① 胡瑞昌《论汉字的简化》，收载于苏培成、尹斌庸编选《现代汉字规范化问题》，语文出版社，1995年，第149～157页。另外，关于1977年原文改会发布《第二次汉字简化方案》（草案），在社会上一度引起用字混乱，1986年6月国务院下令废止等情况，此处略去未述。

事业的发展，计算机技术的普遍应用，中国大陆与港澳台以及全球华人交往的密切，原先以扫除文盲、普及教育的单一目标为出发点形成的简化字，同新时代又发生了明显的不协调。许多专家都提出了进一步完善简化字的建议。著名文字学家、北京师范大学教授王宁先生提出了汉字简化的五项"优化"原则："（一）有利于形成和保持严密的文字系统；（二）尽量保持和维护汉字的表意示源功能；（三）最大限度地减少笔画；（四）字符之间有足够的区别度；（五）尽可能顾及字符的社会流通程度。"这五项原则对于简化字的进一步改善具有指导意义。值得注意的是，她是在肯定现行简化字的基础上提出的"优化"思想，不像有些人想对简化字"动大手术"。她说：

> 我曾用这五条标准对1986年重新发布的《简化字总表》进行了审视，认为简化汉字的大多数是符合优化原则的，完全不合理的简化字为数并不多。自上世纪80年代初期，许多人对简化汉字一一审视，提出的问题，最多涉及简化字的10%，在修改这10%时，还要对各种优化条件进行综合的考虑，实际的修改量不会超过5%。在简化汉字使用了半个世纪以后，做这样少量的修改，不应当引起太大的震动。①

我们认为，王宁先生的主张在当下的中国有较强的可接受性。我们相信，能够提出汉字简化方案的中国学术界，也一定能提出一个汉字简化的合理优化方案。

## 10. 什么叫"识繁写简"？怎样看待"识繁写简"的提法？

答："识繁写简"是美籍华人袁晓园女士针对大陆、港澳台和海外华人世界通行简繁两套汉字规范提出来的旨在协调沟通的主张。1989年她在中国大陆刊物《汉字文化》上最初提出时，其含义为"印刷用繁书写

---

① 王宁《论汉字规范的社会性和科学性——在新形势下对汉字规范问题进行反思》，收载于李宇明、费锦昌主编《汉字规范百家谈》，商务印书馆，2004年，第10页。

用简"，即"把繁体正字作为印刷体，把简化字作为手写体"①。这一主张等于要中国大陆取消简化字的规范资格，恢复繁体字的规范地位，因此引起了激烈的争辩和尖锐的批评。袁晓园在1992年对"识繁写简"的含义又做了新的解释，说其主张是"各行其便，各得其所"："第一，在海内外，在自愿的前提下，不识繁者识繁，不识简者识简"，"第二，印刷品：以繁体字为正体的地方，允许印刷一些简体字读物；以简体字为正字的地方，允许印刷一些繁体字读物"。与1989年的主张相比，袁女士的新解释似乎有所变通，但由于仍主张"繁简皆用""繁简由之"，从大陆的角度看，依然是要取消简化字的规范地位，因而被批评者指为"倒退"②。

　　自从袁晓园提出"识繁写简"以来，关于是否应恢复繁体字规范地位的争论，无论在学术界还是在民间，从来没有中断过。由于国家坚决维护简化字的地位，严格实行出版物的管理条例，在2000年又公布了《中华人民共和国国家通用语言文字法》，简化字获得了国家法定规范汉字的地位，在中国大陆的出版物上一直具有无可争议的规范资格。但是随着港澳的回归、海峡两岸关系的进展、海外"汉语热"的兴起、互联网的广泛应用，繁简汉字的规范冲突又有了进一步的发展。据网络调查公布的结果，"挺简"和"挺繁"的百分比，在腾讯网是56.1：32.64，在中国语言文字网是61：39，在新华网是81：15。尽管"挺简"者仍占压倒优势，但"挺繁"者的比例也已不可忽视，虽然后者中有不少是来自海外的。

　　据媒体报道，2008年3月13日宋祖英、关牧村等21名文艺界政协委员向两会联名提交了《小学增设繁体字教育的提案》，认为简化字割断了中国文化，为了将"中化文化的根"传下去，实现国家统一、民族兴旺，主张在小学讲授简体字时也教认繁体字。2009年"两会"上，政协委员潘庆林提交了《关于分批停止使用简体字，恢复繁体字的提案》，主张在规定时间内，比如10年左右，在全国范围内统一分期分批地停止使

---

　　① 袁晓园《识繁写简书同文字共识互信促进祖国和平统一》，《汉字文化》创刊号（1989年第1、2期合刊）；郁林、靳飞《识繁写简——访汉字现代化研究会会长袁晓园教授》，《汉字文化》1990年第1期。

　　② 陈一、詹人凤《评对"识繁写简"的新解释》，收载于苏培成、尹斌庸编选《现代汉字规范化问题》，语文出版社，1995年，第185～194页。

用简化字，恢复使用繁体字，即与港澳台地区使用同一种繁体字。袁晓园女士已经作古，但这两份提案的思想主张可以视为对她当年"识繁写简"理论的继承和发展。

另外，台湾的马英九先生2009年6月9日在一场华侨的拜会中，谈到海外侨民教育中的繁简之争时，也提出了大陆中文应实行"识正书简"的建议，其中特地讲到把"繁体字"正名为"正体字"、把"识繁写简"改称为"识正书简"的意义。此次讲话内容后来以《大陆"识正书简"的文化意涵》为题发表①，一度引起热烈讨论。

"识繁写简"（或"识正书简"）的主张者比较一致的理由，一是恢复繁体字有利于继承传统文化，二是"书同文"有助于两岸统一②。关于"有利于继承传统文化"的说法，我们在前面已经分析过，只是一种似是而非的说法。至于把"识繁写简"与统一问题联系起来，把文字体制等同于政治体制，把文字问题政治化，更是说不通的道理。文字体制的统一在政治统一中的作用，并不像有些人想象的那样巨大。汉字具有维护中国大一统局面的作用，是就历史总体角度而言的。就局部阶段而论，使用同一字体的汉族历史上曾有过多次长期分裂割据的阶段，当时汉字并未成为和平统一的力量和原因。分裂是由政治原因造成的，统一也只有通过政治途径才能实现。认为大陆恢复繁体字有助于政治文化的统一，作为观点，仅是不着边际的皮相之论；作为设想，只是一厢情愿的、虚幻的泡影。不然，国共两党当初使用的都是繁体字，却有过两度合作、两度分裂的历史，又做何解释？如前所述，中国现代史上公布首批简体字的政府机关，正是1935年的国民政府教育部（只是当时未便推行而已）。20世纪50年代以后台湾当局禁止使用简化字，只不过是与大陆政权政治对立而做出的敌对姿态。可见，不是政治的分歧归因于字形的分歧，倒是字形的分歧应归因于政治的分歧，因此字形的统一也只有寄希望于政治的统一。可见，认为大陆实行"识繁写简"或恢复繁体字有助

---

① 马英九《大陆"识正书简"的文化意涵》，见 http://www.nownews.com/2009/6/23/11490-2468567.htm；又见香港《语文建设通讯》2009年9月号（总第93期）。

② 马英九的讲话和文章中并未提到统一问题，但绿营却已指责马英九此举是"文化统一"，见美国《侨报》2009年6月13日社论。

## 第四章　汉字规范问题

于两岸统一,是把文字的政治功能极端夸大了的说法,是经不起推敲的。

倒是海峡两岸的旁观者,对繁简汉字之争有较为清醒公正的看法。2009年6月13日美国华文报纸《侨报》发表社论《"识繁书简",文字是桥不是沟》,其中一段话分析得较为鞭辟入里:

> 大凡一个议题被政治化后,就会被扭曲。简繁之争也不例外,被人为制造了许多误区,现在到了就事论事、正本清源的时候了。首先,简体字和繁体字绝非两种文字。简体字无非是将部分繁体字加以简化。简体字同样也是汉字。你简我繁,两岸同文同种格局并未丝毫改变。其次,文字简化不等于割断传统。文字简化并非是从中共建政后才开始的。汉字繁难,世所公认,自从秦始皇"书同文"以来,文字简化,尤其在民间,一直未曾停过。简化字在很大程度上是将其约定俗成。从亚洲汉字圈来说,日本的简化汉字比中国早得多,却从未有人攻击日本人数典忘祖。文字无非是一种载体,大陆传统文化的断层,罪在文革等接二连三的政治运动,而不能简单归罪到简化字身上。今天,大陆的年轻人,同样可以通过大量出版的简化古籍直窥中华文化堂奥。近来出现的"《论语》热""读经热",就是明证。因此,简繁之争,是文字形式之争,绝非正邪之争。

该文也认为,"简化字有很多不完善之处,要加以改进",但不应是马英九所提议的恢复繁体。文章呼吁"繁简休兵""去政治化",将文字问题"回归为一个文字问题、一个学术问题去探讨,去实验",并主张仿"一国两制"而行"一国两字","和平共处"。有意思的是,文中还提到该报社就实行"一社两字"并获得了成功:原为繁体中文的《侨报》在美国华人社区中文日报中率先采用简体字,受到读者,尤其是来自大陆读者的欢迎,而《侨报周末》则仍用繁体,也广受欢迎。社论认为:"中国文字,不论简繁,都是中华文化和信息的载体,只有程度的区别,没有本质的分野,其间没有不可逾越的鸿沟。尊重传统,承认现实,灵活变通,才是解决简繁之争的途径。而将其政治化、意识形态化,无疑是自设樊篱,作茧自缚。"

《侨报》的见解明智而深刻,对于一些乐于纠缠于繁简之争的人,也许可以作为一剂清醒头脑的良药。作为对外汉语教师,无论是来自何种背景的,我们认为最为恰当的态度是彼此包容,尊重对方,不参与或挑起任何场合的繁简之争,大家和平共处。况且和平共处现在已经不仅是愿景,更是已然的现实。该篇社论还述及:"其实,在海外,在美国,简体和繁体并非水火,而早就和平共处了。在美国主流学校开设的中文课,简繁各擅其美。在侨社,繁体字固然占主流,但随着大陆移民比例的大幅上升,使用简体中文的人群急剧上升。遍地开花的中文学校,以简体和汉语拼音为招牌的越来越具有吸引力。"既然如此,我们大家何不乐观地静待情势的良好发展呢?

## 11. 简化字的前途究竟如何?

答:简化字是有生命力的,它将作为中国通用文字的有机组成部分,同整个汉字系统一起长期存在下去。

首先,简化字符合文字发展"简易、实用"的趋向。文字是记录语言的书写符号,是一种工具。作为一种工具性符号,应当以"易学、易写、易认、易记"为优。汉字在漫长的发展过程中,积累和保存了太多的、不必要的繁难因素。因此,即便在国家成批地推行简化字以前,民间的汉字使用中也一直存在着自发的简化。现在作为规范汉字的简化字中,有很多就是采自长期流行在民间的"俗体、简体、或体"。简化字只是把这些民间"手头字"加以整理并集中公布而已,真正向壁虚构的很少。[1] 简化字之所以能够获得成功,就是因为它顺应了汉字发展的根本趋向,满足了公众的需求。现在使用简化字的中国大陆和新加坡、马来西亚等地的华人社区,人们不仅已经习惯于使用简化字,而且也充分体验到了简化字"简易、实用"的好处。

第二,简化字已经获得国际社会的广泛认可。进入新世纪以来,由于中国发展的强劲势头和国家实力的迅速提高,汉语的国际声望也日益攀升,国际上对汉语人才的迫切需求引发了持久不衰的"汉语热"。据联合国《2005年世界主要语种、分布和应用调查》,汉语已被排在世界十大

---

[1] 关于简化字的字形来源,请参阅张书岩等著的《简化字溯源》,语文出版社,1997年。

语言的第二位。① 海外学汉语的人数目前已超过 4000 万人。截至 2011 年 8 月底，中国已在 104 个国家和地区建立了孔子学院 353 所，孔子课堂 473 个。中国大陆的对外汉语教学和在海外的汉语国际传播，均使用简化字教学，因为有相对简便容易的优点，受到了学习者的广泛欢迎。台湾方面虽然一直在与大陆竞争华文教育阵地，并以"正体中文"为由吸引生源，但事与愿违，所谓"正体字"华语教学已经失去优势，以至台湾师范大学国语中心主任周中天因"正体字"市场逐渐萎缩，产生"被边缘化"的隐忧，有人甚至发出"全球中文热，台湾没份"的惊呼②。与华文教学领域呼应，在传媒领域采用简化字的也在增加，表明"简化字的应用是适应全球华人社会发展需要的总趋势"③。更为重要的是，自从 1971 年中国恢复在联合国的合法席位以后，联合国就已经把简化字列为法定中文汉字，所有中文文件已一律用简化字印制。目前尽管繁体字在海外仍有相当的势力，但简化字的主导地位已经形成，这是无法逆转的历史趋势。

　　第三，台湾社会已在慢慢地接受简化字。其实，台湾的非官方组织对简体汉字并不完全排拒。早在上世纪 70 年代，半官方的"中华文化复兴运动推行委员会"就聘请了 11 位对书法有修养的专家拟制《标准行书范本》（以下简称《范本》），经过四年努力，完成了收有 4010 个常用字行书字形的《范本》，于 1978 年出版，作为学校习字课程的辅助课本。《范本》由该学会理事长陈立夫先生作序，影响巨大。据统计，该《范本》中的字形与大陆简化字相同及仅有笔形微别的有 563 字，近似的有 131 字，两项相加为 694 字，约占大陆简化字的 1/3。因此台湾社会对简体字并不陌生，陌生的仅是大陆简化得比较"厉害"的少部分字。改革开放后两岸关系缓和，交流频繁，简化字印刷品进入台湾，媒体曾多次报道台湾人"争习简化字"。2005 年 6 月 29 日，大陆《人民日报》曾以《简体字风行台湾》为题，报道台北大学三峡校区举行简化字辨识比赛；

---

① 《中国语言生活状况报告（2006）》上编，国家语言文字工作委员会发布，商务印书馆，2007 年，第 322 页。

② 同上书，第 315 页。

③ 《中国语言生活状况报告（2005）》上编，国家语言文字工作委员会发布，商务印书馆，2006 年，第 371 页。

2005年6月7日,新华网以《简体字书籍冲击台湾书市》为题,报道台北出现台湾规模最大、种类最齐全的简化字书店,引起台湾出版界骚动。另外,2005年9月20日,凤凰网曾报道台湾"陆委会"还出版了台湾当局第一本简化字官方刊物。台湾教育界人士认为:如果不教简化字,无疑叫人走不出台湾海峡,可能到对岸都看不懂中文。[①] 由于台湾区域狭小,发展受限,台湾人"走出台湾海峡"的愿望甚为强烈,学习简化字的热情也持续不断。即便一直坚持应以"正体字"统一中华文化的马英九,也只是以"由正入简易,由简入正难"为由来论证先"识正"的必要,并希望两岸有关专家心平气和,从文字切入,加强文化交流,"让全世界看到两岸交流的高度、广度与深度"[②]。

第四,简化字将通过不断的修订而获得全球华人社会的接受。文字规范一直在随时代的变化而变化,简化字公布以来已经过多次调整。不过此前调整的只是少数几个字。进入新世纪以来,社会语言生活变化尤为巨大,用字范围也有所变动,与此相应,社会上和学术界的文字观念表现出多元化和开放性的特点。据悉,为适应新时代的用字需要,国家有关部门仍在组织人力,进行相关的研究。简化字目前固然还不能被港澳台以及海外通行繁体字的华人社区接受,但是随着形势的发展,两岸四地以及全球华人"书同文"的一天终会到来。而那时的"书同文"方案,应该是一份充分吸收简化字优点并兼顾各方用字需要的"全球华文通用字表"。

## 12. 有人说:外国人写汉字,只要写对就行了,不要管他笔顺和写法。这话对不对?

答:这话不对。首先我们要问的是:所谓"写对"是什么概念?大概就是形状基本正确,不是错字别字。如果这样的话,那只是达到了教学

---

① 《中国语言生活状况报告(2005)》上编,国家语言文字工作委员会发布,商务印书馆,2006年,第337~338页。

② 马英九《大陆"识正书简"的文化意涵》,香港《语文建设通讯》2009年9月号(总第93期)。

上的最低要求。写错别字固然不对，但是如果仅仅满足于学生没写错字别字，实际上是降低了书写教学的任务标准，因为书写方法关系到书写效率和字迹的清晰美观程度。文字向来是教学的一项重要内容。在语言规范理论中，文字书写规范叫做"正字法"，是语言规范的重要组成部分。各种文字都有正字法，区别只在于复杂程度。拼音文字的正字法相对简单，主要只规定笔势的走向、大小写的使用法、分词连写的方式、分行的规则和附加符号的标记方法等。汉字是现存通用文字中形体构造最为复杂的文字，其书写的繁难程度堪称世界之最，其正字法的内容也相应地繁难复杂。择要而言就有笔画、笔顺、偏旁、部首、部件、结构等方面，每个方面的内容都相当丰富。假如我们只教整体认记而不辅以适当的书写教学，学生面对笔画交错的汉字会不知怎样下笔，只好"照葫芦画瓢"。然而汉字毕竟不是图画，写字也不是"画字"。"照葫芦画瓢"画出的字，只是形近而已，难保正确，即便不缺笔增笔，也不能算真正写对了汉字。尤为严重的是，一旦不讲书写规则的"画字"成为习惯，会大大增加写字的难度，降低写字的速度，会强化学生原已存在的对学汉语的畏难心理。尽管汉字形体结构复杂，但如果遵照一定的书写规则，掌握书写要领，就可以降低书写难度，提高书写效率，甚至使书写汉字成为一种乐趣。

  需要指出的是，现代化的教学手段也在一定程度上降低了人们对书写教学重要性的认识。当前，电化教学、多媒体教学，乃至网络教学，已成为相当普遍的教学手段。教师和学生在课上课下书写的机会都大大减少了。教师只在屏幕上显示教学材料，学生只要按键就可以选择答案，会输入汉字就可以做题，作业和论文可以交电子打印文本。整字输入和输出的中文信息处理方式掩盖了书写水平的差异，无论书写技能高低，打出的字都同样好看。现在似乎已不是"写对就行"，而是"打对就行"或"选对就行"的时候了，本国学生尚且提笔忘字，外国学生还非要记住每个汉字怎样写才好吗？这样的疑问也降低了教师进行书写教学的积极性。

  对此我们的看法是，正像当前健身运动的复兴是为了消除现代化工作方式和生活方式对健康的损害，现代化教学手段对汉字书写的冲击也正需要以加强汉字书写教学来应对。汉字书写是汉语言文化不可或缺的组成部分。外国人学汉语,不只是为了学"听、说、读",还有学"写"的目的。尤其是其中一部分人对中国书法文化情有独钟,他们学汉语一个很重要的动机就是领略和掌握汉字的书写艺术。即便不是所有外国人最终都能学到一手漂亮的书法,但是能把头号繁难的汉字写得工整清楚也是一项了不起的成就。尽管由于计算机的广泛应用,有一部分"写"不妨换作"打"(打字),但是作为教学任务的有机组成部分,如果把"听、说、读、写"变成"听、说、读、打",即便学生在汉语水平考试中得了高分,所学到的也不能说是完整的汉语。而作为教学过程主导者的汉语教师,如果因为主动削弱了汉字书写教学这一环节的工作而影响学生书写能力的获得和提高,则显然有不可推卸的责任。

另外很重要的一点是,汉字的书写教学中包含着对汉字结构知识的教学,而汉字的结构知识如笔画形状、笔画顺序、组合部件(偏旁部首)以及组合方式等,对查字典是不可缺少的基本知识。如果我们削弱汉字书写的教学,势必也会削弱学生对汉字结构的掌握能力,学生头脑中即便有整个汉字的正确印象,也不会分析汉字,这样的学生查字典时会遇到很大的困难,而查字典的困难又会进一步影响他自学能力的获得,最终影响他汉语水平的提高。因此,仅仅从必须使学生学会查字典的角度看,也应该加强对学生书写规范的教学,使学生"写对写好"汉字。

要想使学生写对写好汉字,必须教给学生正确的笔顺知识,使学生养成按正确的笔顺书写的良好习惯。由于汉字形体复杂,有些教师本人也没有完全掌握正确的笔顺规则。比如我常看到青年教师写带"走之儿"(辶)旁的字总是先写"走之儿",这顺序就错了。自己都搞错了笔顺,还能教学生写对吗?现在有不少笔顺字典,希望青年教师放下身份架子,重当一回小学生,买一本笔顺字典回家学学。但是,由于对笔顺规则理解不同,不同的笔顺字典对同一字的笔顺规定也有不一致的地方。为了统一笔顺规则,国家语言文字工作委员会标准化工作委员会编了一部《现代汉语通用字笔顺规范》,由语文出版社出版,规定了《现代汉语通用字表》7000个汉字的书写笔顺,把原来隐性的规范笔顺变成了显性的规范笔顺。所谓显性的规范笔顺,就是把每个汉字的笔画呈现次序落实到每一笔,这样就避免了隐性的规范笔顺可能造成的理解歧异,实现了笔顺规范的标准化。这是对汉字笔顺教学非常有实用价值的规范性工具书，每个对外汉语教师的工作案头都应备置一册。

## 13. 什么是"火星文"？它是怎样流行起来的？应当怎样看待它们？

答：火星文是由多种字符混合用以代替正常的汉字表达的一种文字游戏。它不是正式的通用文字，也不是精心设计的人工语言代码，只是部分网民在网上聊天时临时取用的汉字替代形式。有的火星文在流行中形成了约定俗成的意义，但总的看来是种类繁杂，随心所欲，没有一定标准。所用的字符有繁体汉字、简化汉字、怪异的谐音替代字、自造的怪字、汉字的偏旁或不成偏旁的拆解形体、注音字母、拼音字母、英语词及其变形、日文假名、韩文字母、阿拉伯数字、非文字符号及其组合成的图形等等。表达手段或者单一，或者多种混合。单一的谐音替代如：

  偶醉洗翻载空嫌滴淑後看输哩 （意为：我最喜欢在空闲的时候看书了）
  偶洗翻泥 （意为：我喜欢你）

混合手段的如：

  泥一定粉月半 （意为：你一定很胖）

这句话混合了谐音代替和拆解汉字（把"胖"拆成"月、半"）两种手段。还有更多手段混合使用的，那就更难懂了，如：

  1切斗4幻j，↓b倒挖d! （意为：一切都是幻觉，吓不倒我的！）
  3q 得 orz （意为：感谢得五体投地）
  丫 ò ひ 口下筠 Щǒ 子 （意为：你吓到我了）[①]
  for 親 id 羊 g 大大 ㄇ：QQ 安安丫ㄍ位羊 g ㄉㄉ，挖 i 王 j 民，王投球好率好裤，挖ㄟ把拔马麻也 I 看王 j 民，ㄅ托羊 g 球團ㄍ位ㄉㄉ ㄇ要曰王 j 民肥ㄑ3A 好ㄇ？ㄅ然一后挖ㄟ没ㄅ球丂看捏，为了看王 j 民，挖最近都粉早ㄑ床乙~Qˇ，以后挖ㄇ要打ㄅ球，也要打ㄓ棒，

---

[①] 以上"火星文"用例取自维基百科"火星文"、《华商晨报》2008 年 10 月 8 日《这些"火星文"啥意思》、《中国教育报》2008 年 11 月 14 日《别让"火星文"影响学生学习》等文章。

ㄑ托ㄋㄇ了,ㄅㄅㄅㄅ,881^^!(意为:给亲爱的洋基大大们:QQ你们好啊各位洋基大大,我爱王建民,王(建民)投球好帅好酷,我的爸爸妈妈也爱看王建民,拜托洋基球队各位大大不要让王建民回去3A好吗?不然以后我会没棒球看呐,为了看王建民,我最近都很早起床喔^Q^,以后我们要打棒球,也要打职棒,拜托你们了,拜拜拜拜,再见了^^!)[注:洋基:棒球队名;大大:大哥大姐的简称;QQ、^Q^:装可爱吐舌头的样子;3A:含义不明。]

火星文于上世纪90年代出现于台湾网络。因为当时的网络聊天室没有密谈功能,聊天者为了不让他人看懂聊天内容,开始用各种代替手段掩盖本字。至于"火星"一词,出自聊天室入口处输入的地区名。有人不愿输入真实地区名,就戏用"火星"代替,于是旁人就戏称他们使用的隐曲难晓的文字为"火星文"。后来聊天室有了私密性,他人已看不到聊天内容,但网友们觉得有趣,仍继续使用,并辗转相传。现在已经传到香港、大陆和海外华人地区,使用者多系90后青少年。目前还有"火星文"网站,上面还可以下载到"火星文转换器"。

本世纪初,火星文在中国大陆网上疯传,尤其受到中小学生追捧,有的学生用它在课堂上传纸条,有的用它记日记,有的甚至把它写进作业或作文,这些情况不仅引起了家长和教师的忧虑,也引起了社会的关注。人民网专门就"火星文"问题进行了一项调查,反对者和赞扬者各执己见[①]。2008年11月14日《中国教育报》发表文章《别让"火星文"影响学生学习》,对"火星文"的流行提出了批评。

我们认为,对火星文的流行,既不必视而不见,听之任之,也不必大惊小怪,看得过于严重。"火星文"的流行可能会使少数个人的文字使用规范受到一点影响,但是,国家有语言文字规范,社会用字使用规范是由新闻出版机构的编辑们按照国家规定的标准把关的。只要这批"把关者"稳住阵脚,"火星文"就不会影响社会用字的规范。而在学校,"火星文"只在部分中小学生中有一定程度的流行,但多系游戏性质。只要教师负起责任,进行适当的引导,叫他们不要在作业、作文和其他正

---

① 据2008年11月13日《楚天都市报》教育时评:《"火星文"悄悄爬上作业本》。

式场合使用，就可以了。至于在网络上的流行，大多限于在聊天室话语或网名中使用，仍属于小范围内的个人爱好性质，不必用国家规定的标准加以匡正。"火星文"缺乏统一标准，给人杂乱无章的感觉，又隐晦难懂，缺乏交际功能，只具有文字游戏的功能，不会演变成另一种通用文字系统。网民们觉得有趣好玩，就让他们玩就是了。这有点类似民间流行的一种"花鸟字"（又叫"指画儿"），即把汉字的笔画变成花鸟形状，但那只是少数艺人的爱好，不会对汉字笔形的规范构成冲击。

## 思考与练习

1. 有人认为：世界多数语言的文字是拼音文字，汉字也应当走拼音化道路，改为拼音文字。对此你有什么看法？

2. 有人认为：简化字学习和书写固然便利，但是现在人们用电脑打字，简化字的优势已不存在了。对此你有什么看法？

3. 有人认为：写字是个人的事情，既然简化字和繁体字各有优缺点，就不妨由个人决定取舍，实行"繁简由之"，允许繁简夹杂使用。对此你有什么看法？

4. 搜集一下"气"字从甲骨文到现代简化字的各种变体（包括被繁化的"氣"）的资料，写一篇题为《"气"字小史》的论文，说明简化字取"气"为规范字的合理性。

5. 下面这些是因"非对应繁简字"造成的错例，请再搜集一些类似的例子，思考一下如何改进繁简对应关系才能避免出错，写一篇倡议简化字"优化"的论文。

  茶幾  鄰裏  皇太後  幹净  干坤  日歷  薑太公
  中文係  鬆鶴延年  人雲亦雲  身體發膚

6. 你对汉字发展的前途有何具体想法？可找几位有兴趣的朋友在一起交流一下各自的观点。

## 参考文献

1. 戴昭铭（2007）全球汉语时代的文化问题和规范问题，《南开语言学刊》第1期。
2. 董琨（2004）《中国文字源流》，商务印书馆。
3. 胡文华（2008）《汉字与对外汉字教学》，学林出版社。
4. 李宇明（2004）《汉字规范》，华中师范大学出版社。
5. 李宇明、费锦昌（2004）《汉字规范百家谈》，商务印书馆。
6. 李玉兰（2009）为什么要制定《通用规范汉字表》，《光明日报》8月13日第5版。
7. 马英九（2007）大陆"识正书简"的文化意涵，《语文建设通讯》（香港）9月号（总第93期）。
8. 裘锡圭（1988）《文字学概要》，商务印书馆。
9. 沈克成（2010）《汉字简化说略》，人民日报出版社。
10. 苏培成（2001）《现代汉字学纲要》（增订本），北京大学出版社。
11. 苏培成、尹斌庸（1995）《现代汉字规范化问题》，语文出版社。
12. 张书岩等（1997）《简化字溯源》，语文出版社。

# 第五章　词汇规范问题

**【内容简介】** 现代汉语词汇尚缺乏具体而明确的规范标准。词汇系统的独特性和复杂性使它只能建立柔性的、动态的规范。《现代汉语词典》和《现代汉语规范词典》是体现大陆现代汉语词汇规范的样本。《全球华语词典》以"大华语"观念对各华人社区特有词语兼容并包，是汉语国际传播工作很有价值的工具书。方言词只在局部地区有交际价值，不在普通话词汇范围之中，不应列入对外汉语词汇教学的内容。异形词整理工作已经初见成效，建立了可资依循的柔性规范，对外汉语教学应当利用这方面的成果，以减轻学生的记忆负担。外来词的词形规范应当以《汉语外来词词典》为依据。近几年汉语中的外文词语有使用过滥的倾向，国家有关部门要求规范使用的通知是正确的。但外文词语的使用尚需研制一个规范标准。字母词是外来词中的一个特殊类型，不可能禁绝不用。对外汉语教学应当有适量的字母词教学内容，但不必讲授网络词语。

## 1. 现代汉语普通话的词汇规范有没有比较具体而明确的标准？

答：同普通话的语音规范、语法规范相比，词汇方面的规范确实欠缺一个具体而明确的标准。

首先，我们来看普通话的定义：以北京语音为标准音、以北方话为基础方言、以典范的现代白话文著作为语法规范。这里对语音、语法规范标准的依据都说得很明确，唯独没有提到词汇规范。于是有人推断"以北方话为基础方言"主要就是针对词汇规范而言的。这话固然也有些道理，但是毕竟定义中没有指明，我们也就不必妄断。实际上普通话词汇规范完全以北方话为标准也不妥当。词汇系统的性质同语音系统和语法系统有很大的不同。语音是一个相对完整而封闭的系统，一种语言或方言，使用哪些音素，构成哪些音位，拼合规律如何（就汉语而言，还要具体落实到哪些声母、哪些韵母、哪些声调、声韵调的配合规则以及连读变调的规则）等，都有内在的规定性，并以此规定性区别于其他语言或方言。语音单位是可穷尽的，语音规则是可类推的。语法系统也有较强的内在规律性和类推性。汉语的语法虽然有灵活性，但是任何灵活使用都有语义、语用的限制条件，正是这些限制条件构成了语法规则，而语法规则可以由语法学家通过研究揭示出来，并可以从典范的现代汉语白话文著作中获得验证。一般不研究语法学的人，通过语言习得和阅读典范的现代白话文著作及报章上规范的作品，也可以掌握现代汉语语法规范。词汇尽管也有一定的系统性，却是一个开放的集合，其中汇集了各种不同来源、不同类型的词语。同时，其变化速度比语音、语法都要快得多，我们不好确立一套词汇规范标准，规定只能用这些词，其他词都不能用。因此普通话定义中关于词汇规范没有一个具体而明确的提法，也是必然的事。

其次，词汇使用正确与否的标准不在词语本身而在表达效果。语音系统、语法系统是一种自主独立系统，具有内部的一致性和外在的客观性。这使它们对于异源成分具有排他性，语音和语法是否正确，凭语音标准和语法规则本身即可判定。词汇问题的本质是语义表达和因修辞而发生的使用问题，表达和使用是其主宰。这使词汇系统欠缺自身的自主独立性。词汇使用的正确性须结合表达的明确性和修辞上的得体性来判定，而不是看使用了哪些词。赵本山的小品和电视剧中使用了很多东北方言词，这是语体修辞的需要，只要实现了其追求的表达效果，在其营造的语境中人们听得懂，就不能仅凭其中的方言词指责为用词不合规范。陈四益的小品文，尤其是文言小品，文言词语使用得较多，也是语体修辞的需要，如果以现代白话文词汇为标准去批评，也是文不对题的。同样，科技界尤其是电子行业的文章，有时会夹用一些英文词语（包括英文缩略语），如果这些词语尚无适当的汉语对应词，也是表达需要的权宜办法。类似的情况很多，假如为词汇规范制定一个具体而明确的标准，反倒会给语言使用者带来不必要的束缚。这不仅不利于语言表达，也不利于语言发展。

第三，现代汉语词汇规范问题远比语音规范、语法规范问题复杂。问题的复杂性主要源自现代汉语词汇系统构成的复杂性。即便把现代汉语词汇规范的基础理解为北方话，也不能使问题稍微简单一些。为什么呢？因为一方面，北方话本身就是一个非常复杂的构成。传统意义的北方话包括晋方言，现在有人主张把晋方言独立为一级方言，即便如此，北方话仍包括东北、华北、西北、西南、江淮、胶辽等众多次方言，它们之间的差异不仅表现在语音上，也表现在词汇上。许多基本词和常用词，在这些次方言中也是不一致的。如果把取舍范围确定为北方话的代表地点北京话，仍然是有问题的，因为北京话词汇中也有很多在北方其他地区并不使用的土俗词语。于是词语规范资格的判定就只好主要看它通行范围的广泛程度了。对于来自非北方话的词语，只要流行度够广，也可以进入普通话词汇规范。比如"的士"本是粤方言词，指出租车，是英语词 taxi 的音译词，流传到北方地区后，使用频率很高，北京人把"的"读成阴平的 dī，又以这个"的"为语素构成了"的哥""的姐""打的""摩的""板儿的"等词。《现代汉语词典》和《现代汉语规范词典》都收载了"的士"和"打的"两词。① 另一方面，现代汉语词汇也不可能只有纯粹的"现代"词和单一的"汉语"词。古今汉语一脉相承，现代汉语中不仅包含许多文言成分，而且还要不断吸收有生命力、有表现力的文言词语。比如"与时俱进"就是文言词语，久已不用，重新启用也只有十来年的时间，并迅速成为常用成语，已收入 2004 年出版的《现代汉语规范词典》和 2005 年出版的《现代汉语词典》第 5 版。此外，外来词（包括音译词、音义兼译词和用外文字母拼写的词）也是现代汉语词汇的重要构成部分。这方面涉及的问题较多，应该有专门的规范标准。

---

① 《现代汉语规范词典》还同时收载了"的哥""的姐"两词，并把"的"的读音定为阴平的 dī。《现代汉语词典》（第 5 版）把"的"注为阳平的 dí，同时用"注意"字样提示："的"字在口语中一般读阴平（dī）。

总之，由于现代汉语词汇构成的复杂性，暂时还难以提供一份具体而明确的规范标准。

## 2. 既然现代汉语词汇难以提供规范标准，那么现代汉语词汇还有规范吗？

答："规范"和"标准"是有区别的。"标准"是硬性的，要求只能如此，不能变通。比如普通话以北京语音为标准音，标准规定合口呼零声母字的标准音是没有辅音声母的，但是近来很多年轻人把"微、维、尾、为""温、文、吻、问"之类字音的开头都加上了轻弱的唇齿辅音v，读成了vēi、véi、věi、vèi和vēn、vén、věn、vèn，从规范标准来看，只能判为误读（至于这类读音的发展前途如何，那是另一回事）。这就是语音规范标准的"刚性"表现。但词汇规范是"柔性"的，其尺度比较宽泛，在一定范围内可以有所变通，在同时存在的变体中可以有所选择，比如动词"做"和"作"，现在的用法非常不统一，常常混用，如：做诗/作诗、做案/作案、做活/作活、做客/作客、做贼/作贼，等等。按照北方话的语音来读，这一对对不同写法的词读音一样，意义也没有差别，各人按照自己的理解和习惯来写，结果在书面语中就出现了混用。字典、词典虽有说法，但仍难以使大家的用法一致起来。对这种现象就只能宽容，不宜断然判定正误。即便经过研究确定了其中一种形式为规范形式，也只是规范制定者认为比较合适的推荐形式，不具有强制性。

从这个意义上来看待"规范"，现代汉语词汇是有规范的。现代汉语的宏观规范，就是在北方话基础上形成的现代汉民族共同语现代汉语的词汇系统。这个系统既有使用范围比较广泛的通用词语，也有使用范围相对狭小的口语词和方言词，而词汇规范主要指它的通用词语部分。现代汉语白话文是主要使用通用词语写成的书面语，是提取现代汉语词汇规范形式的主要载体，是现代汉语词汇微观规范的基本来源。那么现代汉语词汇的微观规范在哪里呢？它就存在于现代受过中等以上教育的中国人的口中和笔下，是他们按照普通话要求说出和写出的话语中的一个个具体的词语。其中普通话水平较高的，或语文写作能力较强的人，如播音员、节目主持人、记者、作家、教师、学者，他们的话语和文章，或经自己反复推敲，或经编辑修改审核，语文质量较高，是提取现代汉语词汇微观规范的基础语料。词典编纂所做的工作，就是提取和确立规范。《现代汉语词典》就是现代汉语词汇微观规范的汇纂，它经过编纂专家们的研究，审慎地确定了所收录的每一字词的读音、词形、意义，并按必要举出了用法例句。这是一本质量很高的规范性词典，是人们学习和使用现代汉语词汇的良师益友。类似的一本词典是《现代汉语规范词典》。但即便如此，这样的词典也不具有词汇规范标准的资格，它们只是人们学习和掌握现代汉语词汇的工具书。只不过这两部词典的编纂宗旨在于规范人们的用词，因而在词汇规范方面有较高的权威性而已。从这个意义上说，它们可以作为体现现代汉语词汇规范的样本。

## 3. 既然《现代汉语词典》和《现代汉语规范词典》在词汇规范方面有较高的权威性，那为什么不能把它们作为规范标准呢？

答：主要是因为词汇的变化发展太快，而规范性词典作为一种供教学参考用的工具书，只能记载已经有相当流通度、能够进入全民语言规范的词语。规范要求相对稳定，而词语的使用是日新月异的。每天都有新词新义创造出来，进入流通；又有一些词语和意义变得陈旧，逐渐退出交际；有一些新词昙花一现后就不复再见了。对于词汇使用中的这种新陈代谢现象，规范性词典不能步步紧跟，有闻必录，它需要观察一段时间。过一个阶段后，通过修订，再把那些稳定下来的词语和意义吸收进来，同时把过时无用的词语和意义删除掉。比如《现代汉语词典》第1版1978年出版，第5版2005年出版，27年中更新了4个版次，平均6年半更新1个版次。但这27年中现代汉语词汇变化之大可谓史无前例。比如从2002年的"增补本"到2005年的"第5版"，中间只隔了3年，修订中删去了2000余条词条，增加了6000余条，合计变动8000余条，约占全部词条的1/8。2012年出的第6版《现代汉语词典》，在第5版的基础上又增收了新词语和其他词语近3000条，增补新义400多项。变动幅度如此之大，可谓"与时俱进"了。只有这样才能保住这部词典的规范性和权威性。但是,假如我们把《现代汉语词典》作为规范标准,那就等于说凡是尚未收录进来的词语都不合规范,都不能用,那又等于削足适履了。当然,语言生活的实际不会这样,它是根据需要来用词的。但由此也可见,我们不必把词典当成固定的标准,不应胶柱鼓瑟,死抠词典。

## 4. 在海外进行汉语国际传播,常常会遇到大陆没有而在当地流通度很高的"华语词",还有与大陆同义异形的词语,因此感到《现代汉语词典》也不够用,这个问题应当怎样对待?

答:这是大陆汉语和海外华语词汇差异的表现。首先,我觉得我们应当用本书第二章提到的陆俭明先生倡导的"大华语"观念来看待,把这种差异看作是必然而又可以包容的现象。所谓必然,是指一种语言分布在广大范围之中,不可避免地要出现变体;相反,呈全球扩布状态的华语同它的中心区域大陆汉语完全保持规范上的一致性,是不可能的事。在华语变体中,词汇分歧是最主要的。各华语区与大陆之间,以及各华语区之间,政治经济制度不同,思想观念不同,社会历史不同,文化风貌不同,地方物产不同,事物命名理据不同,这些不同反映在词语上,就是词汇差异。这些形式各异的词语在当地语言交际中具有很高的流通度,香港的田小琳教授管这些词语叫"社区词"。社区词的价值在于为本语言社区的人所使用,其他社区的人可以不懂不用。《现代汉语词典》收载的是可进入大陆现代汉语词汇规范的词语,它不收载只通行于境外各地华语区的词语。在海外从事汉语国际推广,从《现代汉语词典》中查不到这些"社区词",也是很自然的事。说对这些社区词可以包容,是因为既然要确立"大华语"的观念,就得容忍各华语变体中不尽一致的规范的存在。这些词语既然在当地有使用价值,就应当承认是一种地方规范。我们既然不能强求各地华语都用绝对一致的语音标准,也就不能强求各地华人同大陆中国人一样用词。比如,我们不能叫台湾人不说"速食面",我们也不能叫新加坡和马来西亚华人把"快熟面"改为"方便面"。我们不仅可以包容这些分歧的名称,更应把它们看作异彩纷呈的语言资源。泰山不让细土,方能成其大。"大华语"的规范要有容忍度。当然,在容忍的前提下,我们应当告诉学生大陆汉语的规范说法。在应对各地华语词汇的变体方面,《现代汉语词典》有鞭长莫及之处。好在2010年出版了一部《全球华语词典》,可帮助在海外从事汉语国际教育工作的人解决此类难题。

## 5.《全球华语词典》是怎样一部词典?它有什么用途?

答:《全球华语词典》是由新加坡南洋理工大学周清海教授倡议,由中国大陆、港澳台和新加坡、马来西亚等华人社区的30多位语言学者历时5年合作编写的第一部全球华语词典,由教育部语言信息管理司原司长李宇明主编,商务印书馆2010年5月出版发行。这部词典的编纂宗旨是沟通华人世界的语言交际,消除因华语变异而造成的障碍,构建华人社区和谐的语言生活。该词典收录20世纪80年代以来各华人社区常见的特有词语约10000条,涵盖中国大陆、港澳、台湾、新加坡、马来西亚、泰国、印度尼西亚等东南亚地区,以及日本、澳大利亚、美国、加拿大等地区。

《全球华语词典》的用途,不仅在于可以消除障碍、促进沟通,更在于可以帮助世界各地包括非华人在内的汉语学习者学习和使用汉语,促进汉语更快地走向世界。同时,由于对各地华语特有词语兼收并蓄,因此它还有助于各华人社区的华语相互吸收,进而丰富华人的共同语。对于从事对外汉语教学和国际汉语传播的教师,它是一部使用方便、很有价值的工具书。

## 6.《全球华语词典》究竟有哪些编纂特色,居然会有这么多的用途?

答:这部词典确实有许多与众不同的特色。择要而言有以下四个方面:
(1) 收录各华人社区常见的特有词语
所谓"特有词语",是针对"共有词语"而言的。"共有词语"指世界各地华人社区都共同使用的词语,在各地华语中词义一样,用法一样,在理解和沟通上不会造成困难,如"新年、国家、电影、当心、说话、希望、平安、高兴、便利"等等。共有词语是华语词汇的主体,占常用词汇的90%左右,是华语一致性的基础,这本词典一般不收。"特有词语"指的是只在个别或少数几个华语社区使用的词语,如中国大陆的"海归、博导、黄金周、走穴、超女、超生游击队、出口转内销",港澳的"叉电、生果金、笼车立、笼屋"①,台湾的"博爱座、拜票、福报、聋胞"②,新加坡、马来西亚等地的"组屋、度岁金、隆帮、恫言"③,以及泰国华语的"楼阶、銮丕、猜哟/猜唷"④ 等词。这些词语在当地是常用常见的,但其他地区很难见到,会造成交际上的障碍。另外,还有一些词在不同的华语区有不同的意义和用法。如"擦鞋",在中国大陆如其字面意义,特指擦皮鞋,即给皮鞋打油;而在港澳及新马泰等地又指阿谀奉承,义同"拍马屁",并由此派生出"擦鞋仔"一词,义同"马屁精",这是大陆普通话没有的意义。又如副词"才",在大陆有多种意义和用法,唯独没有新加坡、马来西亚等地的相当于副词"再"的用法:新、马地区的"您喝完了才走吧",在大陆只能说成"您喝完了再走吧"。对于此类大陆不通行的特有词语、特有的意义和用法,以往的规范性词典都是当作方言现象来对待的,或者弃之不收,或者收载后标上"〈方〉"的字样,以示其非通用性。但《全球华语词典》不仅一视同仁,而且专门收载此类词语。这正是这部词典的与众不同之处。

(2) 标明了每个词语的使用地区

一般的规范性词典,在收载通用词语的同时,也收载少量的在白话文中有一定出现率的方言词或方言义项,并在释文中以"〈方〉"作为标记。如《现代汉语词典》(第5版):

---

① 叉电:充电。生果金:高龄津贴。笼车立:建筑工地用的形似笼子的升降机。笼屋:一种用铁丝笼罩住以一个床位为基本单位的简陋宿舍,又称"床位寓所"。

② 博爱座:公交车上老幼病残孕的专座。拜票:侯选人请求选民投支持自己的票。福报:好报应。聋胞:聋人。

③ 组屋:政府建造的居民住宅,类似大陆的"经济适用房"。度岁金:由基金会、慈善机构等分发给贫苦老人的现金。隆帮:搭脚、捎脚、拼车、寄居。恫言:威胁说。

④ 楼阶:楼梯。銮丕:师兄,泰语音译词。猜哟/猜唷:欢呼、祝愿语,义同"干杯、万岁"。

【撒村】sā//cūn〈方〉[动] 说粗鲁下流的话：～骂街。

薅 hāo [动]① 用手拔（草等）：～苗（间苗）。②〈方〉揪：一把把他从座位上～起来。

尽管标上了"〈方〉"，但是并未标明来自何种方言。这样做是合乎规范性词典的编纂宗旨的——推广规范和引导理解，而不是推广方言词，收列少量方言词和方言义项是以备使用者的不时之需。《全球华语词典》的宗旨不在规范而在沟通，它把所有收载的词语都视为需要设法沟通的对象。因此它不仅标明每一词语的使用地区，而且用特别的编排方式使标示显著化。其做法是：① 设立专门的"使用地区"栏，单独置于对词目的注音释义之后；②"使用地区"四字用黑体字，其后的地区字用楷体字，区别于一般释文的宋体字，看上去有醒目的效果；③ 多义词的不同义项有使用地区差异的词，把地区标示具体化到义项，如：

**华教/華教** huájiào　① [名]"华语教育"或"华文教育"的简称。[例]（略）②"华语教师"的简称。

**使用地区**：① 马来西亚；② 泰国

（3）罗列出名异实同的异名词语

对于同一事物或现象有不同说法或写法的词，该词典设立"异名词语"栏加以罗列，在每一异名词语后均标明使用地区，用"（ ）"括起。异名词语分别属于包含大陆在内的多个华人社区的，选取大陆词语作为主条，其余作为副条，如"吊脚楼"在东南亚和南洋群岛国家华语中有多个异名，词典以"吊脚楼"为主条，只在此条释义，而在其余各副条中注明"义同'吊脚楼'"。在主副各条，均有"异名词语"栏，如"吊脚楼/吊腳樓"条下标的是：

**异名词语**　浮脚楼（新马泰印尼文莱柬）　浮脚屋（新马泰印尼文莱柬）
　　　　　　高脚木屋（新马泰印尼文莱柬）　高脚屋（新马泰印尼文莱柬）

如果异名词语分别属于大陆（内地）以外的多个华人社区的，或属于某个单一华人社区的，则选取其中之一作为主条，如"党鞭/黨鞭"和"党督/黨督"，"异名词语"栏标示：前者通行于港澳、台湾，后者通行于新马泰,该词典以"党鞭"为主条,释义为"指议会中各政党的召集人。其职责是负责传达、协商或贯彻党的主张"。而在"党督"条下标示"义同'党鞭'"。这样异名互见,有立竿见影的沟通功效。

(4) 词目用字简繁兼顾

大陆出版的规范性词典,受"规范汉字"概念的约束,当涉及繁体字或异体字时,都是以简化字出条,在简体字头后的括号内列出繁体字或异体字。由于简化字只在中国大陆、新加坡、马来西亚通行,其他华人社区仍习惯用繁体字,有的华人社区只好把《现代汉语词典》翻印成繁体字本使用。《全球华语词典》以沟通为宗旨,突破了原有的"规范汉字"的观念,顾及其他华人社区的用字习惯,对于存在用字差异的条目,采用简繁对照的形式排列,大陆、新马等地通行的简体在前,港澳、台湾等地通行的繁体在后,二者之间以"/"隔开;条目以外的释文和栏目注文,则仍以简体标准排印。在不同地区分别出版发行简体繁体两种版本。这样做实际上是承认了不同华人社区的不同汉字规范,表现了兼容并包的胸襟和尊重历史、尊重现状的务实态度,拆除了因字形差异而造成的藩篱。

由此可见,《全球华语词典》是一部非常有创新性、有特色的词典。它的出版标志着现代汉语规范观念的国际化和全球化。对于从事对外汉语教学和汉语国际推广的教师来说,它是任何其他词典都不能替代的工具书。

# 7. 从《全球华语词典》来看,词汇规范的尺度比原来宽松多了,那么在对外汉语教学中还要坚持词汇规范的原则吗?

答:《全球华语词典》如果说是放宽了词汇规范的尺度的话,也只是一种"多元式"的放宽,它只是承认在各地华人社区通行的"特有词语"也有进入次级规范的资格,不再把它们看成不能容忍的方言词。试想,这些词语既然是只有当地才"特有",又在为当地华人交际服务,能通过汉语教学用"规范词语"取代吗?何况如前所述,从社会语言学的观点看,各地的华语变体本来就是宝贵的语言资源,而不是语言垃圾。而且《全球华语词典》对词汇规范的多元化处理,并没有否定和推翻对外汉语词汇教学中应该坚持的规范化立场和规范原则。这两方面各有各的道理，不能混为一谈。

首先，语言教学工作的性质本身决定了它必须坚守规范立场。与非标准语体相比，标准语体的功能更强大，用途更广泛，这是毋庸置疑的。因此，在语言教学工作中，无论哪个国家，向国外推出的都是本国官方规定的标准语，而不是任何非标准变体。美国向国外推出的不是佛罗里达方言或黑人英语，而是以波士顿为中心的、以新英格兰地区的英语为标准的"美国英语"；英国的国外英语推广，所传授的也不是苏格兰方言或任何洋泾浜英语，而是以伦敦和英国西南部地区上层社会的语言习惯为基础的标准英语。[①] 假如我们自己用宝贵的时间和精力学了多年英语，到头来却发现学到的是难登大雅之堂的社会方言或地域方言，那么会有什么感受呢？同样道理，我们在教外国人学汉语时，也应当力求教给他们标准的汉语。

标准语和非标准语的主要差异，除语音外就是词汇。我们在学外语时都有过这样的体会：词汇量对于外语听说读写能力的培养至关重要，而词汇记忆到一定数量就会出现增长的难度。如果好不容易记住的一些词语却是用处不大的方言词，岂非大不合算？然而在对外汉语教学中，要不要教、什么时间教、怎样教方言词，是一个一直没有得到妥善解决的问题。有人认为任何语言都是方言，方言具有口语性质，学汉语不学方言词就不能与市民进行日常交际，也听不懂电视节目中的口语会话和通俗文艺表演，于是就把方言词编进教材进行传授。上世纪80年代我曾见到一种初级汉语教材，其中有这样的会话：

您在干嘛呢？

我在遛弯儿呢。

"干嘛"（干什么）、"遛弯儿"（liùwānr，散步）是北京方言词。[②] 把这样

---

① [德] 汉斯·约阿西姆·施杜里希《世界语言简史》（第二版），吕叔君、官青译，山东画报出版社，2009年，第196页。

② 这两个词均已收入陈刚编的《北京方言词典》（商务印书馆，1985年）和徐世荣编的《北京土语词典》（北京出版社，1990年）。《现代汉语词典》虽也收录了，但均在注音后标示"〈口〉"字样，意为口语词，与标准语词不同，带有土俗性。

土的词语编进教材向外国人传授，外国人不知就里，先入为主，误以为这就是普通话，他不知道还有更合适的标准形式："干什么"和"散步"。如果他学了以后就去用，我想不用出大学校门就会引中国人发笑：好怪，这老外说话还这么生硬，怎么就玩起"京片子"来了？假如一位外国学生来到北京，普通话没掌握，却练成了个"京油子"，那么他再去上海或广州就会出洋相了。然而他本人却不知道原因在哪里，因为语言上的毛病正像脸上的污迹，别人若不指明，自己是不能察见的。当然，这样的结果是我们的教学造成的，并不是他本人的过错。

其次，我们也应当看到，任何语言都不是纯粹的标准系统，真实的语言总是掺有各种杂质的。特别是中国地域广大，方言复杂，多数地区社会民众的普通话水平并不高，假如我们只教会外国学生说标准的普通话，他们到社会上仍然听不懂普通百姓说的日常口语，仍会发生交际上的障碍。古岳先生的一篇论文谈到了发生在大连的两件事：

一次，一位日本留学生想亲手做一道中国菜，于是去市场买了二斤西红柿，在往回走的路上，迎面过来一位老太太客气地问："姑娘，你这洋柿阿哪儿买的？"她听不懂问话，觉得非常尴尬，只好笑了笑，算是回答。在大连，西红柿又叫洋柿子，大连人又把"洋(yáng)柿(shì)子(zi)"说成yángsì'e。像这样的情况时常发生，一位韩国留学生去饭店吃饭，他坐下来要了半斤饺子，一会儿服务员端了一盘儿饺子过来，服务员把饺子放到他的桌子上，然后问他："要忌讳吗"？他回答："只要饺子，不要别的"，服务员离开了，当他看到别人桌上都有醋做调料时，便叫来刚才的服务员，问："为什么不给我拿醋，我也要醋。"服务员说："刚才已经问过你了，你不要，现在又想吃。"这位留学生觉得服务员态度不好，后来知道了原因：大连人叫"醋"为"忌讳"后，觉得很不好意思。留学生由于听不懂这些地方方言，给他们的学习和生活带来诸多不便，妨碍了他们与当地人的顺利交流。①

---

① 古岳《试谈对外汉语教学中的方言问题》，《辽宁师范大学学报》（社科版）1997年第2期。其中"洋柿阿"的"阿"，下文指出读为e，这个e音是"洋柿子"的"子"的读音衰化而成的，要弱读。

对于这样的情况,作者认为教外国留学生,教标准汉语(普通话)固然必要,但仅仅如此还不够,应当适当介绍一些经常会遇到的汉语方言:

> 培养外国学生了解些妨碍他们实际交际的学校所在地的方言知识,有助于他们全面提高汉语水平。当然,在对外汉语教学中适当地进行地方方言知识的渗透,与对方言知识系统的学习和研究不同。也不一定要求学生既要会说标准普通话又要会说流利的地方方言,只是在学习标准普通话的同时,能够听懂地方方言,能够与人顺利交流。

他还认为:"在教学中,可以多设一些语言实践课,在交际环境中,及时讲解那些学生从没听过的与普通话相对应的方言词语和读音。对于一些使用频率较高的词语,授课时,在讲授标准普通话词语的同时,可以对应地教给他们。"

我们认为,上述看法从实践中来,有一定见地,在当地也有一定的可行性。不过也应当看到,尽管大连方言与普通话有差异,但毕竟还属于北方话系统,从普通话到大连话,略加提示和练习,学生就有可能领会和掌握;而在南方方言区实行起来可能就不那么简单轻松,也不容易见到成效了。在南方方言区教留学生,与其花费时间和精力去教学与普通话差距甚大的方言,还不如把这些时间和精力投入普通话教学更为合算。因为别说当地方言教起来麻烦,学起来困难,而且即便学会了一星半点,也只能在当地发挥微小的作用,最终可能仍难与当地人交流。而从根本上说,学好普通话是可以走遍中国和世界华人社区都不怕的。至于到国外推广汉语,假如缺少方言语境,教说汉语方言一则易成"无的放矢",二则教学人员自己也未必具备那么多汉语方言知识,还是不要考虑教方言,而以专心致志教好普通话为好。

## 8.《全球华语词典》的"特有词语"是否相当于大陆学界所说的"异形词"?

答:"特有词语"和"异形词"是两个不同的概念。"异形词"是中国大陆汉语学界使用的术语,指同一个词的不同书写形体。这里的"书写形体"指同繁简字无关的字形,如"身份—身分""订婚—定婚""唯一—惟一"之类。而由繁简二体造成的词形差别,如"订婚—訂婚",就不是异形词。异形词大体相当于"同音同义词",但有少数同音同义词略有意义和色彩上的差异,不属异形词范围,如"凌乱—零乱"。异形词的大量存在,会增加学习、使用的负担,造成书面语混乱,影响语言交际功能的发挥,给汉语教学、新闻出版、词典编纂和中文信息处理带来困难,因此是规范整理的对象。

"特有词语"是在华语(包括大陆汉语)研究基础上形成的概念,指只在某一或某几个特定的华语社区才有的词语,如大陆的"打假、打非、打拐、打工文学",台湾的"打屁"(闲扯;胡说)、"打电动"(玩游戏机),港澳的"打咭"(刷卡、打卡)、"打趸(dǔn)"(等候),新加坡的"打鞭"(施鞭刑)之类。这类"此有彼无"的词,与异形词毫无相似之处。

但"特有词语"中有一类"异名词语",指同一事物或现象因说法不同或写法不同而形成的一组词,这些词可能分布于不同华语社区,也可能用于同一个或几个华语社区。这些词语异名同实,类似异形词,但仍不等于异形词。它们有以下三种类型:

A. 构词的材料和方式都是华语的,但构词理据和所用语素不同,读音不相同,也不相近,这是等义词,不是异形词。例如:

  方便面—速食面—明星面—公仔面—快熟面
  自行车—脚踏车—单车—脚车

B. 来自外语的音译词、音译加类名和音义兼译词。例如:

  华沙卑—华沙比(芥末,特指日本芥末,日语音译词)
  爱滋病—艾滋病——爱之病(来自英文缩略词 AIDS)
  作秀—做秀—做骚("秀""骚"系英语 show 的音译)

C. 构词的材料和方式是华语的,构词理据相同,词的读音相同或相近,仅因用字不同造成异名。例如:

阿凸仔—阿突仔—阿督仔①

阿福阿寿—亚福亚寿②

从广义上说，上列 B、C 两类都应当视为异形词，它们都合乎异形词的定义"同一个词的不同书写形式"。不过中国大陆在异形词整理过程中着重于本土汉语产生的异形词，所以给人一种印象，似乎异形词不包括外来词。比如《第一批异形词整理表》就只收列了三组外来词：琥珀—虎魄、夹克—茄克、鸦片—雅片。既然整理的重点在本土汉语异形词，那么要比拟的话，就只有 C 类才有可比性。然而 C 类词出自其他华语社区，收进《全球华语词典》的目的在于沟通，不是从中选择其一确立为规范。这与大陆异形词整理的目的是不同的。

## 9. 为什么中国大陆要整理异形词语？其他华语社区就不需要了吗？大陆语言学界是怎么做的？

答：语言文字使用的标准是行政主权问题。境外华语社区的异形词固然以规范划一为好，但是否进行整理，是他们内部的事务，不在大陆语言文字行政范围之内。不过大陆的语文规范标准影响很大，对境外华语有辐射作用，新加坡和马来西亚华语基本上以大陆的规范为标准。大陆应首先做好自身的语言规范化工作。

异形词是一种消极的语言变异。中国大陆自上世纪 50 年代中期以来一直把语言文字的规范化、标准化作为重要的语文行政工作来抓。除了坚持不懈地推广普通话以外，又先后进行了异体字、异读词和印刷通用汉字字形的整理，公布了相关的规范标准，收到了积极的效果。但是异形词问题比较复杂，数量多，涉及面广，整理工作难度大，因此规范的研制和公布略显滞后。但是整理和规范异形词的原则精神，在《现代汉语词典》《汉语大词典》的编纂和修订工作中一直是有所贯彻的。这对社会用词趋向规范起到了良好的作用。1997 年 7 月，国家语委成立了研制

---

① 这三个词均用于台湾。原指凹眼高鼻的白种人，因其面部轮廓凹凸分明而称，后泛指西方人，有时也指没见过世面的人。

② "阿福、阿寿"是港澳地区常见的普通人名，借指普通人。

组,开始了现代汉语异形词的专项整理工作。研制组采取的工作方针是"积极稳妥、循序渐进、区别对待、分批整理",收集了 1500 多组异形词进行研究,拟制出了包含 429 组异形词的《第一批异形词整理表(草案)》,作为征求意见稿,于 2001 年 7 月 31 日公布。"草案"公布后,社会反响热烈。研制组根据大家的意见又做了修订,于 2001 年 12 月 19 日以教育部和国家语委的名义发布了《第一批异形词整理表》(GF1001—2001),其中包含异形词 338 组。文件的开头指出:"本规范是推荐性试行规范。"什么是"推荐性"规范呢?就是带有建议性的、柔性的规范。"推荐"的方式,就是把一组异形词(一般是 2~3 个词)中建议使用的词形排在前面。如"标志——标识 biāozhì","标志"在前,就是推荐使用的词形。"推荐"和"非推荐"并非"正确"和"错误"的关系,而是建议使用与建议不使用的关系。推荐的词形更好,非推荐的也不是错的。这就体现了词语规范的柔性。在这个规范出台之前,《现代汉语词典》是把异形词的不同词形都列为词条的,但区分为正条、副条,只在正条下释义,在副条下注"同××"或"也作××"字样。在该词典的第 5 版中,有一部分非推荐词形已不再单独出副条,而是把它放在圆括号里排在正条之后,如"【标志】(标识)biāozhì"。

  既然异形词的不同词形都在使用,那么研制者是根据什么来确立推荐词形的呢?《第一批异形词整理表说明》中表述了他们对异形词的总体认识:"现代汉语异形词的出现有一个历史发展过程,涉及形、音、义多个方面。整理异形词必须全面考虑,统筹兼顾,既立足于现实,又尊重历史;既充分注意语言的系统性,又承认发展演变中的特殊情况。"① 整理异形词的主要原则是通用性、理据性和系统性三条。"通用性"主要根据词频。如"毕恭毕敬—必恭必敬",尽管"必恭必敬"出现较早,但词频显示现在已很少使用,就把"毕恭毕敬"排在前面,作为推荐词形。"理据性"主要指便于从字形理解词义。如"规诫—规戒",现代汉语中"诫"多表"告诫"义,"戒"多表"警戒"义,"规诫"是以言相劝,用"诫"更合理据,就以"规诫"为推荐词形。"系统性"指要考虑同语素系列词用字的一致性。如"侈靡——侈糜""靡费——糜费""奢靡——

---

① 《第一批异形词整理表说明》,异形词研究课题组编,语文出版社,2002 年,第 6 页。

奢糜"，三组词都用"靡""糜"两字构成异形，前两组词频相同，难定取舍，但后一组的词频是 87：17，"奢靡"占有明显优势，故确定整个系列都以含"靡"的词形为推荐词形。这三条原则只是取舍时考虑的三个侧重面，具体到每组还要根据情况综合考虑。

《第一批异形词整理表》发布后，引起了热烈的讨论，也引发了一些争议。有些争议涉及异形词规范的一些原则和理论，显示了问题的复杂性和规范研制的难度。这使第二批异形词整理表至今未能出台。但是《第一批异形词整理表》研制中的理论和原则已贯串到相关词典的编纂和修订中。2002 年 12 月上海辞书出版社出版了李行健先生主编的《现代汉语异形词规范词典》。这是中国首部以"异形词规范"命名的汉语词典，收词 1500 条，大大超过了《第一批异形词整理表》。另外，2005 年出版的《现代汉语词典》（第 5 版）在修订中除了如上所述调整了异形词的出条方式外，所收异形词的数量和范围也同《现代汉语异形词规范词典》大体相当。因此，尽管第二批异形词整理表并未出台，但是众多异形词已经有了可资依循的规范。

2005 年 8 月，上海辞书出版社出版了李行健、余志鸿合著的《现代汉语异形词研究》。这是一部学术著作，书中系统阐述了作者关于异形词规范问题的理论见解，对当前的现代汉语词汇研究和教学具有重要的价值。此书有深入浅出、朴实无华的优点，可读性强，想要深入了解异形词问题的对外汉语教师，可以找来看看。

## 10. 异形词规范与对外汉语教学有重要关系吗？

答：在对外汉语教学中，词汇教学具有极为重要的地位。在某种意义上可以说，词汇教学的成败决定着对外汉语教学的成败。从学习者角度看，汉语是他们的外语，如果语音差一些，语法错一点，只要词语不差，还可勉强交际；如果词语用错了，就会令人不知所云。同时，语音和语法类推性强，词汇数量多，又不能类推，只能一个一个地记，因而成为繁重的学习负担。中国学生认字多，又有同音假借的习惯，遇到没有学过的异形词，有猜知能力；而外国学生学汉语词，学一个是一个，词（字）形与意义在他们头脑中是一一对应的，他们不会猜知"端五"就是

"端午","叫化子"就是"叫花子",一定要教师告知。这样,记两个词只有记一个词的功效,对他们来说是极不合理的。异形词的规范问题解决好了,给外国学生带来的好处尤其大。

在对外汉语词汇教学方面,有一个指导性的文件《汉语水平词汇与汉字等级大纲》(以下简称《大纲》)①。从 1988 年至今 20 余年,《大纲》曾几经修订,先后产生过 6 个版本。其中,2001 年由经济科学出版社出版的版本,共收词 8822 个,分为甲乙丙丁 4 个等级。长期以来,这个《大纲》已经成为对外汉语词汇教学的唯一标准。但是大概编制较早,出台又仓促,不够成熟完善,所以引起了学者们的讨论。大家的意见除了涉及词汇量、词类标注、熟语收录、词类体系等方面外,也有异形词处理的问题。王晓春的论文《从〈汉语水平词汇与汉字等级大纲〉看对外汉语词汇教学中的异形词问题》② 指出:"汉语中的异形词在大纲中并未得到有效规范,呈现出一种混乱的面貌。"作者对从《大纲》中筛选出的 234 个位置的异形词进行研究,把它们与《第一批异形词整理表》和《现代汉语词典》(第 5 版)进行比较,发现存在的问题主要有③:

(1) 出现非推荐词形。如:想像、图象、惟独、惟一等。④

(2) 一组异形词的推荐词形与非推荐词形同为正式词形,其中有的在同级词中出现,有的分列为不同级词。如:"其他"和"其它"同为乙级;"预定"和"预订"同为丁级;"界限"为丙级,而"界线"为丁级。

(3) 推荐词形与非推荐词形同现与否,体例不一致。据统计,在存在分歧的 234 个位置上的词语中有 198 组异形词,其中 165 组仅出现推荐词形,7 组仅出现非推荐词形,只有 13 组共 26 个词是推荐词形与非推荐词形同现的,同现方式是把非推荐词形加括号列在推荐词形之后。这些词语是:

---

① 此《大纲》编制者原署为"国家对外汉语教学领导小组办公室汉语水平考试部",今署为"国家汉语水平考试委员会办公室考试中心"。
② 该文系河北师范大学 2009 届硕士学位论文,指导教师为杨同用教授。
③ 本处以下对王晓春论文列出的问题做了筛选,本人认为不重要和有疑问的未列。
④ 按:指在《大纲》中以非推荐词形为正条出现。在《现代汉语词典》(第 5 版)中,【想象】下标"也作'想像'",有【图像】条而未列"图象","惟独""惟一"分别标示"同'唯独'""同'唯一'"。

报道（报导）　吧（罢）　利害（厉害）　人才（人材）

订婚（定婚）　身分（身份）　压韵（押韵）　订购（定购）

订货（定货）　订阅（定阅）　吩咐（分付）　成份（成分）

着（著）①

作者认为："只有这一类词语在大纲的制定者看来完全属于异形词的范畴，即正式词形与附属词形为同一个词语。"作者的推断是正确的。但如果这样的话，《大纲》中的异形词范围就与可体现异形词规范标准的《第一批异形词整理表》《现代汉语词典》《现代汉语规范词典》以及《现代汉语异形词规范词典》差距过大。《大纲》制定之初，学界对异形词的认识尚未达到现今程度，但是它在这个问题上未能与时俱进地吸收学界相关思想原则和研究成果也是客观事实。正因为这样，尽管它在其他方面仍在作为对外汉语词汇教学的标准，但在异形词问题上就失去了作为规范性文件的资格。

## 11. 如果《大纲》不能作为异形词规范标准，那么在对外汉语教学中该怎样把握异形词规范呢？

答：汉语规范的标准，对外和对内是一致的，并无矛盾。《大纲》确实不能作为异形词规范，但有《第一批异形词整理表》《现代汉语异形词规范词典》《现代汉语词典》和《现代汉语规范词典》可供使用。其实，《大纲》收词量偏少，无论如何也是不够用的，归根结底还得用上列这些"表"和词典。另外，"表"和几部词典之间也不完全一致，只是大同小异，当遇到互相之间有矛盾时，柔性规范可以权宜处理，不必死钻牛角尖。

在对外汉语教学中，尽管应当减轻学生负担，但只教推荐词形，不提非规范词形，仍然不妥。因为不仅已往已经印就的文献中有大量异形词，就是在当前新出的印刷品中、电视屏幕上、网络文本中，异形词也不可避免（只是比以往少了一些）。假如学生只知其一，不知其二，仍会

---

① 这13组中仍有4组的正条副条与《现代汉语词典》所列的相抵牾，姑不置议。

出现理解障碍。妥当的办法是教学中传授推荐词形，也略略提示一下非推荐词形，同时告诉大家不会考，知道是一个词的不同写法就行。这样不会增加学生的学习负担。

## 12. 外来词的一词多形现象也不少，应当怎样对待？

答：外来词①的一词多形是个老问题，原因相当复杂。从交际角度说，外来词一词多形引起的交际障碍要比本族语异形词严重。因为人们对外来词的所指本来就比较陌生，而外来词一词多形的差异可能大到足以令人误以为它们不是来自同一个词，因此闹出的笑话也不少。最有意思的就是"佛罗伦萨——翡冷翠""剑桥——康桥"引出来的故事。据说有个中国人读了著名诗人徐志摩的名作《翡冷翠的一夜》和《再别康桥》，羡慕得不得了，一定要追随徐志摩当年的足迹体验一番。可当他终于来到意大利时，却遍寻翡冷翠而不得。于是又到英国去找康桥，还是找不到。他回来后对朋友说："我真服了徐志摩，原来翡冷翠和康桥都是他虚构的呀!"朋友告诉他："翡冷翠就是佛罗伦萨，康桥就是剑桥，不是虚构的。"他听了既惭愧又后悔。在这个故事里，造成误解的原因就在于外来词词形分歧。徐志摩的作品成于上世纪 30 年代，现在固然没有必要据目前的规范词形去更改原作，然而就在规范化观念已经普及的当代，新产生的外来词仍然有很多词形歧异。有的是因音译时用字不同造成的异形，如：

　　迪斯科——的士高——的士格（源自英 disco）

　　的确良——的确凉——涤确良（源自英 dacron）

有的是因纯音译和音义兼译两种翻译方式造成的异形，如：

　　桑拿——桑那——三温暖（源自英 sauna 和芬兰语 sauna）

　　冰激凌——冰激淋——冰淇凌——冰其淋（源自英 ice-cream）

　　朋克——崩克——旁客——髹克（源自英 punk）

---

① 这里说的外来词，仅指音译词、音义兼译词和音译加类名词，不包括意译词和从日语来的借形词。

至于同一个词既有音译，又有音义兼译，还有意译的，造成的词形分歧就更为严重了。因此而造成的困难和浪费，是无法计算的。

语言学界对于外来词的规范一直没有轻视。早在上世纪 50 年代，著名语言学家高名凯先生和刘正埮先生就合写了一部专著《现代汉语外来词研究》，其中专有一章《现代汉语外来词的规范化问题》。其后他们即着手编纂《现代汉语外来词词典》，中途高先生不幸因病去世，然后又有麦永乾、史有为两位先生加入。1984 年，由他们 4 人联合署名的《现代汉语外来词词典》终于面世，由上海辞书出版社出版。其中收词 1 万余条（包括异体和略体）。这部词典既有学术性，又有应用性。其学术价值在于考源的功力甚强，其应用价值在于因对不同形体的词做了规范性整理而有正词功效。该词典的《凡例》中谈到他们的整理原则和处理方式是：

> 同一汉语外来词有多种书写形式时，本词典只选定一种形式作为正体，其他均按异体处理。选定正体主要依据以下四项原则：① 通行常用，多见于权威性著作、词典和报刊；② 与所从出的外语原词对音准确或比较接近；③ 构词汉字笔画比较简单，字面雅正；④ 历史较久，兼顾词义。例如来源于英语 hysteria 的汉语外来词就有"歇斯底里、歇斯的里、歇斯迭里、歇斯替利、歇斯德理、歇斯台里、歇私底里、歇私德里、歇私的里、歇私的里亚、协识脱离、比斯的里"等多种书写形式，本词典则将"歇斯底里"定为正体，其余均按异体处理，并酌情选列其中若干个作为参见。

可见这部词典具有很强的权威性，它对我们树立外来词的规范观念和正确地使用外来词有很高的指导价值。《现代汉语词典》和《现代汉语规范词典》在编选外来词词条时，都参考和吸收了其中的积极成果。这部词典收词量大、词形齐备，唯一不足的是从上世纪 80 年代初截稿以后没有增补。这 20 多年汉语所吸收的外来词，只能到《现代汉语词典》和《现代汉语规范词典》中去查。如仍感觉不够，就得查一些新词词典和新词汇编。

总之，对于外来词，我们应有规范使用的观念，养成规范使用的习惯。

## 13. 什么是字母词？字母词是不是外来词？字母词需要规范吗？对字母词使用有没有明确的规定？

答："字母词"，《现代汉语词典》（第5版）的解释是："由字母构成或其中包含字母的词语的通称，如'DVD'、'AA制'等。"《现代汉语词典》《现代汉语规范词典》和《全球华语词典》等通用辞书书末都设有"西文字母开头的词语"一栏，专门收载通行的字母词。"西文"是指字母词构成中的拉丁字母和希腊字母①。"西文字母开头"是词典编纂者的编排原则，不是字母词的别名。大部分字母词是由西文字母组成或由西文字母开头的，也有少量由汉字开头，如"卡拉OK""三＋X"②"三C革命"③，它们在一般人心目中也是字母词，但"卡拉OK"在各本词典中都是按汉字音序排列的。"三＋X"和"三C革命"，上述词典未收。2009年出的一本《现代汉语新词语词典》（亢世勇、刘海润主编）收了"三＋X"，也是按汉字音序排列的。这样排列实为编辑上的技术性处理。

字母词按其构成可以分为以下四类：

（1）单纯由字母构成：

WTO  GDP  VCD  UFO  PC  BBS  QQ  NBA  HSK④

（2）由字母和数字合成：

---

① 希腊字母词如"α射线、β粒子、γ刀"，但这类字母词很少。
② 三＋X，指在我国部分地区实行的高考政策，即考生在必考的三门课程（语文、数学、外语）之外，再自选一门（X）规定范围内的文科或理科课程考试。
③ 三C革命，指以通信（communication）、计算机（computer）、控制（control）等三个领域的技术发展为标志的生产、生活的革命性变化。
④ WTO：世界贸易组织（英 World Trade Organization 的缩写）；GDP：国内生产总值（英 gross domestic product 的缩写）；VCD：激光压缩视盘（英 video compact disc 的缩写）；UFO：不明飞行物（英 unidentified flying object 的缩写）；PC：个人计算机（英 personal computer 的缩写）；BBS：电子公告牌系统（英 bulletin board system 的缩写）；QQ：一种流行的中文网络即时通讯软件；NBA：（美国）全国篮球协会，也指该协会主办的赛事（英 National Basketball Association 的缩写）；HSK：汉语水平考试（汉语拼音 hànyǔ shuǐpíng kǎoshì 的缩写）。

MP3　3D　3G[①]

（3）由字母和汉字合成，又可分为三个小类：

a. PC机　IC卡　pH值　IP电话　ATM机　BOBO族　SOS儿童村[②]

b. X光　X染色体　Y染色体　AB制　AB角[③]

c. T型台　π型人才[④]

（4）由数字、字母、汉字共同合成：

3B法则　3C认证[⑤]

第（1）、（2）两类除 HSK 为"汉语水平考试"的汉语拼音缩写之外，其余都是英文词语的缩略形式，它们在英文中也是这样缩写的，具有国际性。第（3）类从形式上看都是"字母＋汉字"，但其中三个小类仍有差异：a类的字母性质与（1）相同，是英文词语的缩略形式，其后的汉字词标示了字母部分所指事物的类属，这种造词方式是汉语外来词的一种形式；b类形式上与a类相似，但实际上其中的字母只是一种记号；c类是借用字母的形状给事物命名，其中字母的作用类似"十字路口、丁字尺"中的"十"和"丁"。b、c两类都不是严格意义上的外来词，而且这两小类数量不多，能产性弱。字母词的主要类型是（1）、（2）和（3a），它们具有能产性，除汉语拼音缩略形式外都是外来词。因此可以说，字母词中外来词占主体，但不全是外来词。

---

① MP3：一种常用的数字音频压缩格式，也指采用这种格式的音频文件及播放这种格式音频文件的袖珍型电子产品（英 MPEG 1 audio layer 3 的缩写）；3D：三维，即点的位置由三个坐标决定（英 Three Dimensions 的缩写）；3G：第三代移动通信技术（英 3rd Generation 的缩写）。

② PC机：个人计算机（PC 是英 personal computer 的缩写）；IC卡：集成电路卡（IC 是英 integrated circuit 的缩写）；pH值：氢离子浓度指数；IP电话：网络电话（IP 是英 Internet protocol 的缩写）；ATM机：自动柜员机（ATM 是英 automated teller machine 的缩写）；BOBO族：波波族；SOS儿童村：一种收养孤儿的慈善机构。

③ "X光"的英文是 x-ray，来自德文 x-strahl，其中 x 表示"未知"，ray 和 strahl 都是"光线、射线"的意思。"X染色体"和"Y染色体"是决定生物个体性别的两种染色体，其中 X、Y 是标记两种染色体的代号，类似中文的甲、乙。"AB制"是指剧团排演时其主要角色由两个演员担任，以备 A 角不能上场时由 B 角上场，A 角和 B 角合称"AB角"，其中 A、B 也相当于甲、乙。

④ T型台：呈 T 形的表演台，多用于时装表演；π型人才：指具有两门专业知识并能互相沟通的人才。

⑤ 3B法则：广告设计中多用美女（beauty）、幼儿（baby）、动物（beast）扮演角色的倾向；3C认证：中国国家强制性产品认证制度（3C 是英 China compulsory certification 的缩写）。

另外还有一种把未加缩略的外文（主要是英文）词语夹在中文中使用的现象，常见的有 Internet（国际互联网）、product（产品）、sorry（对不起）等。这种现象叫"中外（英）夹杂"，其中的外（英）文词只是与字母词类似，并不是严格意义上的字母词，但可以归到一起来讨论。

字母词的大量产生和流行，中英夹杂的盛行不衰，其客观原因是：(1) 改革开放以来中西文化交流频繁，思想观念开放；(2) 一部分外来词语来不及汉化，缺少对应的中文对译词，只好姑且使用外文缩略形式或外文原词；(3) 其中部分字母词在英文中也常用，中国人使用时有与国际接轨的心理效果。字母词有限度地少量使用，也是开放社会的正常现象，这在许多国家的第一语言（指国家的政治语言、经济语言、外交语言和教学语言）里都存在。想要禁绝既无必要，也不可能。有些特殊行业（如电子、生物等科技业）的印刷物，只在业内交流，夹用一些字母词或外文词也未尝不可。但是，部分年轻人出于猎奇崇洋的心理，为显示学问或言语时髦而故意多用字母词和外文词，则过犹不及了。在互联网兴起后，随着网络词语的流行，字母词和中英夹杂在一定范围内有泛滥的倾向。这种倾向甚至影响到报刊等大众读物。比如在某报登出的一篇题为《3D 带动蓝光光盘普及》的文章中，有这样一段文字[①]：

> 预计 2011 年以后，蓝光 BD 光盘的销售额将超过 DVD，成为新的增长点。蓝光 BD 企业连续推出 DVD 所没有的、消费者一见就想用的新功能，如 BD-JAVA、BD-Live、3D 等，将实现市场向蓝光的快速推移。

在这段两句话的文字中，字母词出现七次，其中 BD、BD-JAVA、BD-Live 等连一般词典都查不到，读者看了当然不知所云。这就等于设置了一道人为的语言障碍，还能有交际效果吗？字母词过多使用不好，少量使用如何呢？问题是看怎样使用。如不恰当使用，一个字母词也会造成事故。2003 年在上海出具的飞机票上，只印字母词 PVG 和 SHA，分别指"浦东机场"和"虹桥机场"，不印汉字，导致不少乘客去错了机场，发生了轰动一时的"机票纠纷"。可见字母词（包括外文词）的使用必须

---

① 张蕾《莫让字母词扰乱汉语语言环境》，《光明日报》2010 年 7 月 6 日第 12 版。

慎重，而且有规范的必要。

如前所述，字母词基本上属于外来词。它应当视为外来词中一种新兴的特殊类型。如果要规范，它应当放到外来词规范中做统一处理。目前，代表国家标准的外来词规范尚未制定，字母词应该怎样使用，自然也缺乏统一的、明确的标准。词典的收录由于慎重的必要总是显得保守和滞后，专家的说法只能代表个人，而且有时还互相矛盾。这种状况是由词汇规范问题的复杂性决定的，不可能很快转变，就是说，在外来词方面，不可能期望国家在短时间内出台一部像《汉语拼音方案》和《简化字总表》《通用汉字字形表》那样具有国家标准性质的规范。不过，在如何使用外国语言文字方面，《国家通用语言文字法》中已有原则性的规定："汉语文出版物中需要使用外国语言文字的，应当用国家通用语言文字作必要的注释。"[①] 上述报纸文章，如果在每个字母词首次出现时括注上相应的中文词语，就既合乎法律规定、语文规范，也不致于造成阅读障碍了。

## 14. 国家广播电视总局和新闻出版总署曾下发过有关禁止使用字母词的通知，并且引发了热议和批评。应该怎样看待此事？

答：2010年4月初，国家广播电视总局下发过一个通知，要求在主持人口播、记者采访和字幕中，不能再使用诸如NBA、CBA、F1、GDP、WTO、CPI等外语缩略词。这件事确实引起过热议，有赞成的，也有批评的。意见尖锐的，甚至认为是"极左思潮"的表现。同年11月，新闻出版总署又下发过一个《关于进一步规范出版物文字使用的通知》，其中第三条特别强调要"高度重视规范使用外国语言文字"，"进一步加强外国语言文字的使用规范化，尊重并遵循汉语言及所使用的外国语言文字的结构规律和词汇、语法规则"。并具体规定：

---

[①]《中华人民共和国国家通用语言文字法》第十一条，见《语言文字规范手册》（第4版），语文出版社，2006年，第3页。

在汉语出版物中，禁止出现随意夹带使用英文单词或字母缩写等外国语言文字；禁止生造非中非外、含义不清的词语；禁止任意增减外文字母、颠倒词序等违反语言规范现象。汉语文出版物中需要使用外国语言文字的，应当用国家通用语言文字作必要的注释。外国语言文字的翻译应当符合翻译的基本原则和惯例。外国人名、地名等专有名词和科学技术术语要按有关规定翻译成国家通用语言文字。

这个通知下发后，国内的反响比较平静，并没有上一个通知所引发的热议和批评。倒是有一篇网络文章报道说美国《雅虎体育》的专栏作家恩里克·弗瑞蒙专门撰文批评了这个通知。①

平心而论，下发上述两个通知是国家有关行业的行政主管部门对自己管理职责的行使。针对当前中国媒体和出版物中外文词语过多、汉语规范受到冲击的情况，有关部门通过禁令的方式使从业人员规范地使用外国语言文字。这本是维护国家语言文字法的正当行为。然而第一个通知却引出了一片反对的声音。为什么呢？在世纪之交的"全球化"浪潮中，中国大陆爆发过英语狂潮，众多学者对此进行了强烈的批评抵制，其中最为尖锐激烈而又有代表性的批评性论著是朱鲁子、杨艾祥的《走火入魔的英语》（湖南人民出版社，2004年），我本人也发表过两篇文章②。然而有关主管部门未能重视并及时采纳这些批评意见，任由中英夹杂、滥用字母词等现象泛滥，结果使在这种语言环境中成长起来的青年一代习以为常，且乐此不疲地推波助澜，以为非如此不能"与国际接轨"，只有如此才够新潮，因此一旦听说突然要"禁用"，就仿佛受了刺激，大呼"雷人"，甚至要归之于"极左思潮"了。假如当初有关方面能及时采取今日的措施，那么字母词不致于如此之多，中英夹杂也不会泛滥到如此地步，很多像 NBA、GDP、WTO、CPI 等现今已被用得烂熟的

---

① 网络文章《美媒批评中国新闻出版署，称禁止使用 NBA 太荒谬》，见 http://nba.tom.com/2010-12-24/00RM/00704852.html。

② 一篇是《汉语究竟怎么了——全球化浪潮中的汉语地位问题》，发表于 2004 年 4 月 3 日《中国教育报》，众多网站曾转载；另一篇是《全球化、英语霸权和中国的语言教育政策》，曾在有关的学术会议上和多场专题学术报告中宣讲，后收载于《语言学问题论丛》第一辑，该书由生活·读书·新知三联书店 2006 年出版。

字母词也许早已有汉化的缩略词，广电总局的"禁用令"也不会遇到如此严重的反弹了。后一个通知发布后社会反应比较平静，也正说明了语言使用的潮流是可以引导的，人们已基本上适应了前一个通知出台后有关部门整改后的现状了。至于那位美国专栏作家的批评，也是多此一举。语言如何使用是主权问题，正像他喜欢用 NBA 我们不必干涉一样，我们不用 NBA，改用"美国男子篮球职业联赛"（或者简缩为"美职篮"）是我们自己的事，他的评论不起作用。况且语言规范是个系统工程，放过 NBA，那么其他类似的字母词也就同样可以放过，中英夹杂将没有止境。中国人不喜欢拼盘式的中文，一度家喻户晓的"DVD 机、DVD 碟片"，现在也已逐渐自发地改叫"影碟机、光碟"了，NBA 充其量只有少数球迷耳熟能详，大多数不关心篮球运动的中国人对此是陌生的。如果我们想到，上世纪初一度那样流行的音译词"德谟克拉西"（民主）、"赛恩斯"（科学）、"德律风"（电话），最终都不免被意译词取代，NBA 之类给中国人带来的异样感又超过用汉字表音的音译词，那么如果有适当的音译缩略词，它们被取代更是迟早的事。

因此，上述两个国家级行业主管部门所发的通知，其宗旨和内容是完全正确的，其性质是无可非议的，其效果也是积极的。两个部门所管辖的范围，涵盖了社会语言使用的绝大部分，对全民语言使用具有示范引导作用，对外国语言文字在中国的规范使用，有不可估量的推动作用。尽管就发布时机而言，两个通知已经是亡羊补牢了，但能补总比不补要好。倘能认真实行，长久以来被人们深恶痛绝的外文词语泛滥，还是可以得到救治的。

## 15. 两个通知有"不能使用""禁止使用"的字样，是否意味着字母词今后就不能用了呢？后一通知又强调要"规范使用"外国语言文字，似乎互相有点抵牾。应该怎样使用外国语言文字才合乎规范呢？

答：两个通知是行业法规，还不是国家规范。它们针对的是自己的从业人员，还不是全体民众。在社会上的一般场合，字母词还是可以使用的，当然也会受到一些影响。这是因为发布通知的是国家级机构，权威性高，影响面大；两个单位都是国家语言文字工作委员会的参与机构，它们也是在代表国家从事语言文字管理工作。真正具有国家性质的外国语言文字使用规范应该是由国家语言文字工作委员会发布的，但是这样的规范尚未制定。不过通知的基本精神和原则是和未来的国家规范相一致的，就是要"规范使用"外国语言文字。然而，这也并不意味着可以忽略细节。两个通知，特别是前一个通知给人以粗疏模糊、不便理解执行的印象。既然规定不得使用那些使用已久的外文缩略词，那么在关于外国语言文字使用的国家规范尚且阙如的情况下，就应当进行示范，即给出一些样例，让人们知道怎样使用才是合乎规范的。然而通知的口气是断然的，示范却是没有的。人们不知如何才是正确使用，就必然产生困惑和不满。不让用英文缩略词，如果用了就得加中文注释，于是 NBA 就得改成"NBA（美国男子篮球职业联赛）"，CBA 就得改成"CBA（中国男子篮球职业联赛）"，3 个音节分别变成了 11 个和 13 个，根本不能适应分秒必争的电视播报和节目解说，也不适用于讲究简洁的报纸文字，于是主持人和记者们就采取了"规避"策略，只用中文，不用英文。但是中文名称尚未形成约定俗成的简缩形式，仍然显得冗长累赘，麻烦和笑话也由此产生。假如在通知中为常用的英文缩略词各规定一个简洁明快的中文缩略词，让人们有所遵循，事情就好办多了。中国人接受简洁的外语意译缩略词的能力是很强的，简缩形式是否合乎理据倒在其次。比如"彩电"（彩色电视接收机）、"邮编"（邮政编码）、"非典"（非典型性肺炎）等缩略词都似乎不大合乎"理据"，但都很快在约定俗成中定型。通知的制定者也许顾虑到规定词语形式是国家语委或词典的事，不该由自己来做，所以就采取了"不能使用""禁止出现随意夹带……"等笼统说法，结果反倒引起了争议。

　　看来，制定一套具体到每一个词语的、具有国家权威性质的外来词语使用规范，已经是一项十分迫切的工作。实际上，在这项国家规范出台之前，字母词的使用也不是没有规范可循的。《现代汉语词典》和《现代汉语规范词典》中"西文字母开头的词语"栏所收的词，一般都给出了对应的中文词形。这些词语已经大体涵盖了日常可能用到的外文缩略词。我们在使用中只要注意尽量使用其中文词形，不使用外文词形就可以了。其中有些中文词形过长,用起来不方便,人们会创造出新的中文缩略词。比如 IOC(英 International Olympic Committee),中文全称是"国际奥林匹克委员会",现在已产生并使用其简缩形式"国奥委";DVD(英 digital video-disc),意译形式全称是"数字激光视盘"和"数字影碟",其简缩形式"光盘""光碟""影碟"现均已收入多部词典。即使像 DNA、RNA 这样专业性非常强的字母词,也是可以汉化成简明形式的。全国科技名词委副主任刘青先生和全国名词委术语研究所副所长温昌斌说:"DNA 的汉语名称是'脱氧核糖核酸',RNA 的汉语名称是'核糖核酸',能否分别简称为'脱氧核酸'、'核酸'?若能,则简便多了,用起来不比原字母词差。"① 可见,即便已有规范的意译形式,也是可以创新的,简缩也是一种创新。所谓规范就是语言系统中所提供的全部可能的形式中"好的",即功能上最合适的那些形式。② 语言使用是一种语言运动,在这种运动过程中最终总会推出那些最合适的形式。

## 16. 字母词和对外汉语教学有没有关系?在对外汉语教学中,应当怎样恰当处理字母词问题?

答:字母词已经成为现代汉语词汇的一个重要组成部分。尽管有上述"禁用令",但也只限于传媒和出版行业,目的也只是要求规范使用、减少出现外文词语,而不是消灭字母词。在更广泛的社会语言使用场合,字母词依然存在。鼓励和提倡汉化使用,也不可能把社会上广为流行的字母词都改成汉字词。比如在娱乐场所,你不能叫人家不用"卡拉 OK""KTV";在医疗场所,"CT""B 超"等词也禁止不了;还有像 HSK(汉语水平考试)、RMB(人民币)这样一些来自汉语拼音的字母词,已经成为特定的标记。另外,随着语言生活的发展,还会有新的字母词不断创造出来,流行开来。用于对外汉语教学的《汉语水平词汇与汉字等级大纲》仅收汉字词 8822 个,没有字母词;现行的教材也没有字母词的教学内容。字母词在汉语中大量产生是近 10 年的事。《大纲》制定于上世纪

---

① 刘青、温昌斌《如何规范科技术语字母词》,《光明日报》2010 年 7 月 6 日第 12 版。
② 兹古斯塔主编《词典学概论》,林书武等译,商务印书馆,1983 年,第 260~261 页。

80年代，其最后的修订版形成于2001年，也有10多年了。当时字母词尚未在中国勃兴。作为教学标准，它已经落后于语言发展和语言运用的实际。留学生来中国是学汉语的，只要在现在的通用汉语中有字母词，教学中就应当教一些常用字母词。对于把汉语作为外语来学习的学生而言，没有教过的词都是生词，不会无师自通。如果不教字母词，他们上街、购物、读书、看报、上中文网站都会遇到字母词障碍。因此，字母词教学应当成为汉语词汇教学的新内容。教哪些、如何教字母词已经是对外汉语教学研究应当关注的新课题。

教哪些的问题，即字母词教学的选词范围问题，我们认为应当以应用需要为原则。留学生应用汉语的需求主要有两方面：

（1）日常生活和社会交际的需要：如就餐、娱乐、汇兑、存取款、购物、邮寄、看病、旅游和上网聊天等场合都会遇到不少字母词；

（2）报刊阅读的需要：留学生要提高阅读能力，要扩大阅读范围，报刊阅读课为他们阅读中文报刊做出了引导，他们的阅读需求会随着年级的升高而增加。诸如政治、经济、文化、科技、体育、教育、法律等行业的报刊，都有可能逐渐进入他们的阅读视野。随着阅读范围的拓宽、阅读程度的加深，他们遇到的字母词数量会增多，内容也会更广泛复杂。

因此，我们在教学中可以就学生这两方面应用的需要，分门别类精选一些最常用、最急需的字母词进行讲解。

如何教的问题，既有教学场合问题，又有教学方式问题。关于教学场合，我们认为不宜脱离情景，只在课堂里教，这样容易产生枯燥感。可以使用情景教学法，把相关字母词渗透到各个不同的生活情景和交际场合中讲授。关于教学方式，不要集中讲，应当分散到不同的课时、不同的阶段中，为完成特定的情景教学任务而教。这样可以把难点化解开，以免负担过重而影响教学效果。

## 17. 什么是网络语言？网络语言要不要规范化？网络语言和对外汉语教学有没有关系？

答："网络语言"是随着互联网的诞生和发展而出现的一种新兴语言现象。网络是一种传播工具，在传播中使用的主体语言仍是普通语言。

现在人们说的"网络语言"是指网络交际中使用的一些有别于普通词语的、比较"另类"的成分,即网民们在聊天室、BBS、OICQ、E-mail 等网络交际工具上经常使用的特殊词语和以数字、字母、键盘符号及其组合所构成的词语替代形式。从构成方式上看,网络语言大致可以分为以下八类:

1. 字母缩略

(1) 汉语拼音缩略

GG＝哥哥　JJ＝姐姐　MM＝妹妹　PLMM＝漂亮妹妹　BT＝变态
TMD＝他妈的　BD＝笨蛋　WAN＝我爱你　PMP＝拍马屁
PP＝屁股(儿语"屁屁"的汉语拼音缩略)

(2) 怪味的英语缩略

IC(我明白了,原语是 I see);VG(很好,原语是 Very good);BF(男朋友,原语是 Boyfriend);PM(原谅我,原语是 Pardon me);BTW(顺便说,原语是 By the way);HRU(你好,原语是 How are you);CUL(再见,原语是 See you later)

2. 借动物名称指人

老鸟(网络高手);恐龙(丑女);青蛙(丑男);大虫(副高级网虫);食肉性恐龙(长相丑陋的泼妇);食草性恐龙(长相丑陋但稍温和的丑女);孔雀(自作多情者)

3. 谐音代替

(1) 汉语谐音

斑竹＝版主　偶＝我　捆了＝困了　水饺＝睡觉　大点化＝打电话
美眉＝妹妹　个个＝哥哥　酱紫＝这样子　共眠＝共勉
幽香＝邮箱　竹叶＝主页　偶来乐＝我来了　你才＝你猜

(2) 英语音译

荡＝download(下载)　　　　　3x＝thanks(谢谢)
菜鸟＝trainee(网上新手)　　　3ku＝thank you(谢谢你)

4. 传统词汇赋予新义

盖楼(发帖子);顶(跟随发帖);隔壁(相邻的论坛);楼上(上面的帖子);楼下(下面的帖子);灌水(在论坛中乱发帖子);机车(自以为是);大侠(网络高手);太平公主(超级平胸)

5. 叠字赘语，用叠字法模仿儿语，或用赘语故作可爱状

东东＝东西　　漂漂＝漂亮　　坏坏＝坏蛋　　一下下＝一下

一般般＝一般　　难过死掉了＝难过死了　　饿死掉了＝饿死了

6. 流行的谐趣词

天才（天生蠢材）；神童（神经病儿童）；白骨精（白领＋骨干＋精英）；蛋白质（笨蛋＋白痴＋神经质）；炉主（倒数第一名）；偶像（呕吐对象）；化妆（奋发图强）

7. 符号组合表意，即将标点符号、数字、字母等组合，取其形状，表示某种意思

(1) 标点符号的组合

:-- 表示悲伤　　　:-! 表示不屑的笑　　　:-) 表示咧着嘴笑

:)-- 表示大笑　　　;-) 表示使眼色、抛媚眼

:-< 表示难过的苦笑　　　*<|:-) 表示圣诞老人，圣诞快乐

(2) 标点符号与数字的组合

:-1 表示平淡无味的笑　　　:-6 表示像吃了酸东西时的笑容

:-7 表示火冒三丈　　　8:] 表示嘻嘻　　　:-9 表示舔着嘴唇笑

8-) 表示睁大眼睛　　　:-)8 表示打着领结的笑脸

(3) 标点符号与字母的组合

:-P 表示吐舌头　　　T-T 表示流泪　　　:-I 表示吸烟族

:-S 表示语无伦次　　　|-P 表示捧腹大笑　　　:-O "哇塞"，表示惊讶

8. 数字表意

(1) 数字会意，这一类是用一定的数字或数字符号暗示某种含义，让人领会

100 或 10＝很完美；1775＝我要造反（1775 年爆发了美国独立战争）；0001000＝我很孤独；13579＝此事很奇怪（1、3、5、7、9 都是奇数）；286＝反应慢，智商低，落伍了

(2) 数字谐音表意

56＝无聊　　　345＝相思苦　　　596＝我走了　　　51396＝我要睡觉了

8147＝不要生气　　　9494＝就是就是　　　53770＝我想亲亲你

584＝我发誓　　　886＝再见了　　　5871＝我不介意

## 第五章 词汇规范问题

8807701314520＝抱抱你亲亲你一生一世我爱你

04551＝你是我唯一

除了上述八类外，近两年流行的一些以"体"命名的表达方式，如"淘宝体""凡客体"等，也都起源于网络，也可算网络语言的一类。不过它们与上述以词语形式变异为构成手段的网络语言又有明显区别，我们将在下一章再谈。

从使用场合和交际功能看，网络语言应该属于社会方言；从构成方式和使用的目的效果看，它是为切合网络交际这一特定言语情境而用的修辞行为的产物。说它是社会方言，一般不会有异议；说是修辞现象，可能会有人感到难以接受。但是修辞的经典定义，是语言使用中为切合题旨情境而对日常语言的一种改变性使用，网络语言是完全符合这一定义的。网络语言的最大特性是简洁性。"简洁性"是指网络语言尽量使用最少代码，以求在传情达意时快速便捷。除用字节俭外，还尽量突破原有书写符号的局限，改变现有语言中某些词语形音义方面的约定俗成，创制新的形音义结合体，如字母词、数字词、图形符号等。它对日常语言的改变主要体现在"形"上，试图用最简洁的"形"来巧设最佳跨度，减少语言单位"形"的数量。而"简洁化"正是消极修辞所要追求的理想效果之一。此外，谐音、拟物、图示、异语、换义、飞白等修辞格都是网络语言常用的构成手段。网络语言最突出的修辞风格是谐趣性。网络语言的特点和性质都是因"网聊"的需要而产生的，"网聊语"是一种不同于普通聊天的特殊语体，在网聊中形成的网络语言本质上正是一种语体修辞的产物。但由于网聊的特殊性，其构成手段和修辞风格显得很"另类"。网络语言有易扩散的特点，但也有狭隘性和临时性。"狭隘性"指它的小圈子性质；看起来数量很多，但是社会方言的属性决定了它只能在特定的群体内使用，其中大多数词语很难进入流通领域。"临时性"指网络语言中的多数词语不会有长久的生命力。"临时性"是由其"狭隘性"决定的。

网络语言产生以来，报刊上发表了好些文章进行讨论。专家们褒贬不一，争论颇多。有些人视网络语言为"语言污染""语言垃圾"，认为网络语言中汉字、数字、符号和英语夹杂使用，怪字、别字、错字层出不穷，句法也不符合规范，出现了很多病句。而且，网上充斥着不文明不道德的粗俗语言，如"TMD（他妈的）、BT（变态）、去死吧"等等，是语言中的糟粕。持这一观点的人提出应加强"网德"教育，提高网络用语的品格，对不文明的网络语言进行规范。

我们认为，对网络语言应持一种宽容的态度。语言是一个开放性的符号系统，它是随着社会生活和文化形态的发展变化而发展变化的，社会物质生活和精神生活的变动必然在语言层面留下痕迹。语言的规范化固然重要，但针对的主要领域是教育界和新闻出版界。语言规范并非对任何场合都有效用，也并非所有语言使用都可约束。如前所说，网络语言是一种社会方言，它只在BBS、OICQ、E-mail、聊天室等小范围、小圈子中使用，并不在大庭广众的严肃场合使用。刻意而为的强制性规范对它基本上不起作用。网络语言的性质类似隐语行话，如果认为网络语言可以规范，那么就等于说其他隐语行话也可以进行规范。这显然是荒唐的。至于网络上的脏语粗话，则非关网络语言本身，而是使用者的道德修养问题，只能从提高道德文明的角度倡导，不能以语言规范进行约束。再则，粗话脏话在别的媒体和场合有时也出现，它们的存在客观反映了社会意识中消极的一面，并非语言本身有什么弊病。语言是交际的工具，而人们交际时不可能总是谦谦君子，绝口不说粗话。总之，对于网络语言的"规范化"设想尽管不错，但缺乏现实性，只能成为费力而无效用的空论，还是不搞为好。

网络语言经过十来年的发展，已经出现了进入大众生活的迹象，部分汉字构成的网络词语已进入了大众媒体。网络词语走进大众媒体是一个"逐步渗透"的过程。它首先进入的是一些大众化的电脑类刊物和一些综合刊物的电脑版，如《电脑报》《中国青年报·电脑世界》等。这些刊物因为其本身的定位就是普及电脑和网络方面的知识，读者多对电脑和网络有一定了解，因此出现网络词语较早。接着，网络词语开始被一些面向年轻人的刊物使用，如《东方》《新时代》等。最近，网络词语已经开始出现在广播电视的一些节目中，进一步扩大了影响，而且一些新生代小说中也出现了它的踪迹。同时，网络词语已经开始渗透到一些年轻人的日常交际用语中。开始时，网络词语被用在交谈中，多是用来叙说网络上发生的事情，如"今天我在西祠上又发了一个帖子，有好几个美眉跟帖呢"。渐渐地，网络词语开始被一些年轻人用来叙说现实生活中的事情，如"今天在报上看到你的帖子了""你搞什么东东啊"。

关于网络语言的前景，可以从两方面预计：一方面，随着网络的发展，网上的交流活动将越来越多，网络词语的使用频率也将越来越高，其数量会有所增加。现在网络词语最普遍的使用者和创造者——20～25岁左右的青年人，几年后也将成为社会的中坚力量，因此人们在日常交际中使用网络词语的机会将越来越多，部分网络词语也将进一步流传下去。但不同类型的网络词语的存在状态将出现分化。其中少部分"汉字词"可能进入日常交际用语，而其他类别的网络词语（特别是那些用数字或键盘符号组成的符号），由于其使用范围相当狭窄，不可能进入流通领域。另一方面，网络语言也有衰落的可能。作为一种颇具特色的新事物，其发展速度曾使部分人产生了似乎它有介入或影响日常语言的忧虑。但是冷静地看，网络语言的生命力并不会很强。随着计算机技术的迅猛发展，可视网络、语音聊天等技术的产生，网络的传播手段和速度都将更加方便和快捷，网民们很可能会从虚拟世界回归或部分回归到现实世界中来。对此，我们也应有一定的心理预期。到那时，网络语言究竟会以一种什么样的面貌呈现在我们面前，尚须拭目以观。

基于上述认识，关于在对外汉语教学中是否需要讲授网络词语的问题，我们觉得应当谨慎从事。一方面，对外汉语教学应当传授全民通用的规范语言，网络语言属于社会方言，似乎不应纳入教学范围。但另一方面，对外汉语教学要培养和提高交际能力，而网络交际是当前新兴的一种交际形式，又特别为年轻人所喜爱，为了提高学生对汉语学习的兴趣，培养网络交际的能力，也可适度地、少量地介绍一些用汉字构成的常见网络词语，如"美眉、菜鸟、大侠、灌水"之类。但应注意不宜占用过多课时，以免影响主要教学任务的完成。

## 18. "给力"是不是网络词语？如果是的话，是否可以说某些网络词语也有巨大的表现力和生命力，从而成为通用词语呢？"给力"一词可以在课堂上讲授吗？

答："给力"最初出现于网络，可以算是网络词语，但它似乎又不像一般的网络词语。从上题的讨论可以看出,所谓"网络词语"应该是:(1)由网民们创造的在网络交际中专用的一些特别词语;(2)这些词语具有社会方言的狭隘性而不具备全民语言的通用性;(3)它们有简洁性、谐趣性等修辞风格,但又往往给人以"另类"的感觉。"给力"与它们略有不同。从词源上看,它不是网民自创的词语,而是一个闽南方言词。在闽南漳州话中,"给力"有"用劲发力"的动词义,又有"精彩、棒、够味儿"等形容词义。从2004年到2009年,"给力"在网络帖子中开始有零星的使用。2009年12月,网上出现了"雷人给力网"。2010年5月,网上流行日本搞笑动画片《西游记:旅程的终点》,它的中文配音版中有一句台词:"这就是天竺吗?不给力啊老湿(师)。"很多年轻人记住了这句台词,把它挂在嘴边,促成了"给力"的流行。紧接着,在南非世界杯足球赛期间,此词被高频使用,简洁风趣地表达了中国球迷们的情绪和感受,成为受欢迎的新词,在流行中又增添了不少新的意蕴。但当时它主要还只在网民中使用,使"给力"一词脱去方言的狭隘性而在通用语言中流传使用的关键一步,是它在2010年11月10日《人民日报》头版头条的大字标题"江苏给力'文化强省'"中突然出现。一方面,《人民日报》一向严谨平实的风格与"给力"一词的另类谐趣色彩形成了强烈的反差,给人以突兀感;另一方面,这一标题也有精准凝练的特色,让人无可厚非。这一标题引发了模仿效应,使"给力"一词在全国所有媒体中迅速爆红,成为"2010年十大网络流行语"之一。作为一个事件,"给力"登上《人民日报》头版也成了"2010年十大文化事件"之一。[1]

"给力"一词的经历确实说明部分具有表现力的网络词语也可能成为通用语词,获得恒久的生命力。社会方言词进入通用语并广泛使用,在词汇史上不乏先例。如"四梁八柱""金盆洗手"本是土匪黑话,"跳槽"本是娼家用语,"下海"本是艺人的行话,现在均已进入通用语言。不过这样的词语在比例上总是很小的。网络词语也是如此,其中绝大部分都

---

[1] 以上资料取自"给力_百度百科"网页 http://baike.baidu.com/view/3803376.htm 和"给力网"网页 http://www.leimost.com//lansan/55/20110106/5372.html。据后者网文考证,"给力"本是一表示古代劳役制度的古词。此说虽言之有据,但作为古词的"给力"早已不用,以至《汉语大词典》亦失收,故可以确认当前流行的"给力"的直接来源为闽南方言。

只在网上聊天的小圈子里流行,难免昙花一现的命运。

"给力"一词既然已经成为通用语言的新词,当然可以在课堂上讲。不过从上述这个词的流行过程和使用范围看,它与"美眉、菜鸟、大侠、灌水"一类网络词语还是有所不同的,不宜混为一谈,最好是把它作为通用语的新词来介绍。

## 思考与练习

1. 同语音规范、语法规范相比,词汇规范难以建立具体而明确的标准。为什么会这样?

2. 《现代汉语词典》所体现的词汇规范是什么性质的规范?

3. 结合自己使用《现代汉语词典》(或其他某部类似词典)的体会谈谈规范性词典在确立词汇规范方面的作用。

4. 《全球华语词典》有哪些方面不同于《现代汉语词典》?它有哪些独特的功用?

5. 什么是不同华人社区的"特有词语"?你有没有收集"特有词语"的经历?如果收集过,请把你手头的"特有词语"与《全球华语词典》相比照,看看它是否已经收载。然后写一篇文章,谈谈对《全球华语词典》修订补充的建议。

6. 下面是一则用地道的北京话写的小故事[①]。请认真阅读后做以下练习:

(1) 圈出北京方言词,看看共有多少个,然后计算出比例。

(2) 利用北京方言词典给找出的北京方言词进行解释,列成一份清单。

(3) 思考一下北京话和普通话的词汇差异,然后写一篇短文,论述在对外汉语教学中坚持规范原则的必要性。

(4) 尝试把这则故事改写成一篇合乎规范的雅正的白话文,看看有无可能。

---

① 节选自祝肇隆《老北京话儿》,《北京记事》2007年第2期,第74~75页。

那天刚一出门，就瞜见大街上踪着一群人，乌泱乌泱的。顺进去一看，原来是出租车和自行车刮上了。自行车上挂着的一桶油，漓漓拉拉一地。骑自行车的是个小地里排（土音 pǎi）子，说出话来龇龇茬儿，整个一个四六不懂，满不论秧子，非让那开出租的说出个道道来。那开出租的也不是个善主儿，精瘦，两个大眼贼儿，像个人灯儿。开出租的说："赔什么？陪你坐着，这快行道是你走的吗？有理说理，玩三青子没门儿。"

骑自行车的小崽子说："你甭跟我炮蹦儿，就你这样的嘎杂儿我见得多了，赔钱吧！您哪。"

"多少钱？"开车的问。

"50 块。"

"没有。赔你，姥姥，找警察。"

这俩主儿正打着呢，圈儿外头进来一老头儿，给他们说和。老头儿说："你们的事我都瞜见了，好说好散，谁也别和谁治气。你开出租的比他拿钱顺当点，给他仨瓜俩枣的也就行了。不是我在这儿充大辈儿、倚老卖老，大侄子，给他25，怎样？"

开车的一听，说："老爷子看您老面上，给这小子30，别二百五，那我就开路了，我今儿份儿钱还不够呢。"

那骑自行车的哪干哪，指着老头儿说："老眉喀哧眼的，找练哪！这里面有你什么事儿啊？别在这充大尾巴狼，这大头蒜也是你装的？老帮菜，别玩那糊弄局儿的事儿，不给50，说出大天来也不行。"

骑自行车的这套话儿，惹翻了大伙儿，都说这小子狼人，欠收拾。

7. 什么是异形词？下列各组词哪些是异形词？联系自己的教学实践谈谈异形词整理的必要。

维生素——维他命　　乱码——亂碼　　绿卡——绿咭
拜拜——再见　　　　月食——月蚀　　水分——水份
角色——脚色　　　　车厢——车箱　　木须肉——木樨肉
截止——截至　　　　必需——必须　　人才——人材
权力——权利　　　　师傅——师父　　执着——执著

披麻戴孝——披麻带孝　恼羞成怒——老羞成怒

8. 考察一下"象、像、相"三个字的使用和造词情况，写一篇论文，谈谈如何整理和规范由这三个字合成的异形词的使用。

9. 下面是一段中英夹杂的"拼盘式"中文。请按词切分后再统计一下数量和比例，然后做以下练习：

（1）文中字母词的意思你能懂的有多少？不懂的有多少？计算一下比例。

（2）设身处地为只有中等文化的大多数普通中国人想一想，他们看这段文字能够明白多少？如果我们的中文变成这样，是好还是不好？就此写一篇短文，谈谈在汉语文章中应当怎样规范地使用外国语言文字。

> APEC 的记者招待会后，我约了 CCTV 的几名记者和一群 MBA、MPA 的研究生，讨论中国加入 WTO 后 IT 业的发展前景，以及 IT 业对 GDP 的影响。读 MBA 的张小姐原来想到 IT 业发展，目标是当 CEO，现在感到加入 WTO 后，中国 IT 业风险很大，改变主意打算去 Nike 公司了。相反，读 MPA 的李先生感觉良好，认为加入 WTO 后，政府职能会大幅度改革，MPA 的毕业生将大有用武之地。随后，我们去了 KTV 包房，大唱卡拉 OK，大家相继关掉 BP 机，也不上 Internet 网，兴高采烈，通宵达旦。

## 参考文献

1. 陈章太（1996）普通话词汇规范问题，《中国语文》第 3 期；又收载于作者的论文集《语言规划研究》，商务印书馆。
2. 古岳（1997）试谈对外汉语教学中的方言问题，《辽宁师范大学学报》（社科版）第 2 期。
3. 汉语水平考试委员会办公室考试中心（2001）《汉语水平词汇与汉字等级大纲》（第 6 版），经济科学出版社。
4. 李行健、余志鸿（2005）《现代汉语异形词研究》，上海辞书出版社。
5. 李宇明（2010）一座沟通华人语言文化的桥梁——李宇明主编谈《全球华语词典》，《中国语言资源动态》2010 年第 3 期。

6. 李宇明主编（2010）《全球华语词典》，商务印书馆。
7. 王晓春（2009）《从〈汉语水平考试与汉字等级大纲〉看对外汉语词汇教学中的异形词问题》，见"知网"中国优秀硕士学位论文全文数据库。
8. 异形词研究课题组（2002）《第一批异形词整理表说明》，语文出版社。
9. 殷晟（2002）网络语言现象的分析，《河海大学学报》第3期。

# 第六章 语法规范问题

【内容简介】 现代汉语语法规范的标准,就是"典范的现代白话文著作"。"语法系统"和"语法体系"不是同一概念,有如"客观语法"和"主观语法"。对外汉语语法教学应当以习得汉语的客观语法为终极目标,以逐渐培养起汉语的语感。当前的对外汉语语法教学有偏重语法知识传授的弊病,应当从教学的目的、内容、策略和方式方法上做一些修正和调整。典范的现代白话文著作是汉民族共同语在使用上达到最高水准的样本,其权威地位需要维持。改革开放以来汉语语法有变化发展,但语法系统的基础仍是稳定的。对外汉语教学高级阶段应适当讲授一些语法变化的主要项目,以便应用。评判语法变化中的是非主要依据理性原则和习性原则,评判中可把言语的语法规范和语言的语法规范加以区分。新时期文学界提出的"反规范"主张,在理论上不能成立,在实践上是有害的。"杂菜式华语"可以宽容对待,但不应作为教学标准。"中介语"是语言学习过程中不合规范标准的一种过渡现象,与语音、词汇、语法都有关系,在教学的一定阶段可以容忍其存在,但应当采取积极的引导措施,使学生及早脱离"中介语"状态,防止"中介语"固化为习惯性错误。

1. **现代汉语语法规范的标准是什么?应该怎样理解和实行这个标准?**

答:现代汉语语法规范的标准,就是"典范的现代白话文著作",这个标准包含在普通话的定义中。比起语音标准，它稍显笼统概括，似乎不够明确；但比起词汇规范标准，它还是稍微具体了一些，因为毕竟有"现代白话文著作"中的"典范"作品可以依循。语法规范标准的这种特点是由语法的性质决定的。语法尽管也有很强的系统性和类推性，但是它的规则是由用例来体现的，而规则的数量又多得惊人，教学中不可能提供一份像语音标准那样明确的清单。现行的教学语法体系，比如《中学教学语法系统提要》和对外汉语教学语法体系①，只能提供汉语语法中一些最基本的规则，不能详尽地描写现代汉语语法的面貌。真正的现代汉语语法系统，是包含在全部普通话之中的，是由全体说写普通话的人的全部言语作品（包括口语和书面语）所呈现的语法面貌。其中含有一些不够精细的、芜杂的成分。现代白话文著作经过作者的打磨、编辑的推敲，其中包含的语法规则，自然要精粹、准确一些，更合乎规范一些。而其中的"典范"作品，由于其作者语言修养更高、语言运用能力更强，所表现的语法水准显然要高于一般作品，因此也就更适于拿来做语法规范的样本。当然，"典范"作品中也可能包含不合全民语言规范的、属于作者使用特点的个别用例，但是作为语法规范标准的不是这些少量的、个别的用例，而是具有全民语言性质的、大量的一般用例。这些一般用例，经过语法学家的挑选剪裁、分类描写，形成了一条条语法规则，记载在语法著作和汉语教科书中，就成为我们在教学中可以依循的语法体系。

"现代白话文"的提法是有针对性的。一是针对文言文。文言文有自己的一套语法规范，但它代表的是古代汉语的语法规范，不是现代汉语的语法规范。尽管古今汉语有相承关系，现代汉语也继承了古代汉语一些最基本的语法规则，但是两种语法系统的面貌大不相同。普通话语法规范是现代汉语性质的，要从现代白话文中提取，这是不言而喻的。二是针对早期白话。现代白话文从中古唐五代时开始萌芽，到近代明清时已相当成熟，并产生了大量优秀的文学作品，但现代白话文与它们仍有明显的阶段性差异。建立现代汉语语法规范要从现代白话文着手，道理

---

① 这里的"对外汉语教学语法体系"指现行的《汉语水平等级标准和等级大纲》中《语法等级大纲》中的语法体系。

也无须多说。三是针对方言。现代汉语方言是现代汉语的地域分支，是现代汉语的组成部分。但汉语方言在语法上也各有特色，自成系统，相互之间差异明显，难以兼容，而普通话语法是在北方方言基础上形成的，现代白话文著作也是用北方话写成的，普通话"以北方话为基础方言"实际上不仅指词汇部分，也包含语法部分。它首先要排除的是南方方言语法。但北方话语法也不等于普通话语法。北方话的地方口语中也有许多特别土俗的语法成分和语法规则，普通话也需要加以规避和排除。因此可以说，即便北京话口语语法也不完全等同于普通话语法。当然，普通话语法与方言语法也并非水火不容，它也可以适量吸收一些有利于交际的方言语法成分，像"干不干净""学不学习"这类南方方言中的语法形式已逐渐融入普通话了。尽管如此，普通话语法也不是南北方言语法的杂糅。作为一种规范，它必须通过教育习得。普通话语法是现代受过中等以上教育的人口头和笔下较为典雅正式的语体所体现的语法。

对外汉语教学的语法体系，与面对国内学生的教学语法体系，都是建立在普通话语法系统基础上的教学语法，在原则精神上是一致的。只是对外汉语教学语法考虑到外国人学汉语时有些不同于中国人的特别需要，在内容的侧重点和详略方面与面对国内的教学语法有些差异。这个教学语法体系集中表述在《汉语水平等级标准和等级大纲》[1]的《语法等级大纲》中。这个《大纲》"是既具有规定性、约束性又具有权威性、指导性的文件"，"是对外汉语教学总体设计、教材编写、课堂教学及测试的依据"[2]。国内编写出版的对外汉语教材，一般都体现了《大纲》的语法体系，可以遵循实行。

---

[1] 《汉语水平等级标准和等级大纲》，中国对外汉语教学学会汉语水平等级标准研究小组制定，北京语言学院出版社，1988年。

[2] 吕文华《对〈语法等级大纲〉（试行）的几点意见》，收载于该作者的论文集《对外汉语教学语法体系研究》，北京语言大学出版社，1999年，第12页。据此书另一文章《关于对外汉语教学语法体系》所述，国外除美国的汉语教材外也大多采用这一教学语法体系。

## 2. "语法系统"和"语法体系"是不是一回事？我们在教学中对外国学生提出的疑问，用现行的教学语法体系解释不了怎么办？

答："语法系统"和"语法体系"这两个术语，人们在使用上常常混淆，实际上不是一回事，而是各有所指，应当加以区别。明确其间的区别，对于汉语教学，尤其是对外汉语教学工作中出现的疑惑的解决，有很多好处。前面说到，我国已经建立了对外汉语教学语法体系，并用于对外汉语语法规范的教学。但是有的教师在教学工作中常常发现教学的语法体系不够用，对于学生提出的语法疑难问题解释不了，只好用"这是中国人的语言习惯"之类的话来应付。然而过多的"习惯说"往往使外国学生更加疑惑。而我们自己也不明就里：为什么汉语实际中存在的语法现象，现有的教学语法体系中没有提到呢？实际上，这正是"语法体系"和"语法系统"之间的差异所致。

"语法系统"是语言在使用中所形成的语法规则的总和。一个民族共同语只有一套语法系统，它是客观存在的，所以也可以称之为"客观语法"。"语法体系"则是语法学家对客观语法描写研究的结果，是一种"主观语法"。二者的关系，就如人的长相同画像的关系。语法学家都是"画像"高手，他们所提供的语法体系同语法系统自然比较接近。但是正如任何画像都不如本人相貌真实，语法学家所提供的语法体系对客观的语法系统而言也只能做到近似。正因为这样，对外汉语教师常常遇到学生提出的语法问题难以用现有的教学语法体系解释的情况。学生提的问题是从客观语法中来的，而我们的教学语法尚未包罗进去。这并非意味着教学语法不具有规范的资格，而只是说明主观语法难以穷尽客观语法。由于我国的语法学历史较短，对外汉语教学语法体系的建立尤其晚，而汉语语法的真实状况既复杂又灵活，语法学理论也在不断发展，人们对于汉语语法真实面貌的认识是不断深入、不断增加的，对外汉语语法教学的规律也需要不断探讨、逐渐成熟，因此，现行的对外汉语教学语法体系尚有许多不够完善的地方，学者们提了不少意见，需要进一步修订。

然而，作为对外汉语教师，我们也要有这样的思想准备：修订后的对外汉语教学语法体系只能弥补原有体系中一些已被发现和认识到的缺陷和不足，仍然不可能成为对现代汉语语法穷形尽相的写照。画像再改进也顶多做到形似，不容易达到神似，更不可能惟妙惟肖地演示活人的颦笑歌哭。因此，即便是根据修订后的对外汉语教学语法体系编写出来的教材，也只能令人感觉到更方便、更好教好学一些而已，不可能解决教学中遇到的所有语法疑难，也不可能据以解答学生提出的全部问题。

此外，汉语老师对外国学生提出的许多语法问题之所以没法回答，而且找不到现成的答案，还有一个很重要的原因，那就是以往的语法研究主要是为母语为汉语的人服务的，不是为母语为非汉语的人服务的。在这样的研究基础上编成的语法教材，不大适合用来教外国人，因为母语为汉语的人有很好的汉语语感，外国学生则没有这么丰富的汉语语感。某个语法格式（或者说句式）、某个虚词在什么场合能用，在什么场合不能用，某个句法格式中哪些词能进入，哪些词不能进入，这对母语为汉语的人来说并不需要一一细讲，而外国学生则非常需要教师把所有细节都一一讲到。外国学生多数不是不知道某种语法格式或某个虚词所表示的基本的语法意义，而是不了解那种语法格式、那个虚词具体的使用细节，因此容易出语法错误。出了错误后，老师说"不能这样说"，学生就要追问为什么。这"为什么"问的是理性知识，而老师指出错误凭的是语感，语感是感性知识，知其然不知其所以然，老师从现有的语法教材得来的理性知识解答不了学生的问题，只好说是语言习惯。

那么，当我们解答不了学生提出的疑问时，用"这是中国人的语言习惯"来回答，究竟有没有几分道理呢？这里涉及一个"语法现象"和"语法知识"的关系问题。学生提出的问题来自语言实际，是"语法现象"，教学语法体系表述的语法规则属于"语法知识"。语法知识是理性知识。人有追求理性知识的本能，学生遇到陌生的语法现象无法理解要问老师，就像小孩遇到不懂的事情要问"为什么"一样。但是正像歌德所说："理论是灰色的，生活之树常青。"理论的重要，在于它通过概括和抽象，更便于从理性上认知并从规律上把握实际。然而理论概括不了全部事实也是常见现象。老师用现有的语法知识解释不了学生举出的语法现象时，用"语言习惯"来回答，其实并没有错。因为从根本上说，语言就是一种社会习惯，语法规则只是无数语言惯例的集合。王力先生有一句名言:"语法里只有习惯,没有天经地义。"① 因此用"语言习惯"做解释,也算是一种解释。只不过这种解释过于笼统,学生往往仍然不满足,他们会想:如果什么都是习惯,那么学语法还有什么用?学生的想法也是有道理的。学生提出的问题常常发人深思,我们可以就他们的问题做深入的思考。当思考有心得后,可以给出进一步的解释,使他们获得理解上的满足。有时,对学生所提问题的进一步思考和探讨,还可以有所发现,研究出新成果。我个人就有这方面的经验:1984 年,一位日本留学生在课堂上问我:"老师,你刚才叫我读,为什么说'读下去'?"这句话把我问住了。因为这个班是初级短训班,我怕用"趋向补语""继续意义"之类的语法术语解答可能会使他更不明白,就说"'读下去'就是继续读,不要停,汉语习惯上都这么说"。后来我就这个问题进一步探讨,写成了一篇论文《动词情状成分"下去$_3$"的形式特征、语法功能和分布规律》②。从这件事我认识到,外国学生所提的问题往往是我们以汉语为母语的人习焉不察的重要语言现象,不能掉以轻心。

## 3. "语言习惯"和"语法规范"有关系吗?

答:有关系,而且有密切的关系。如前所说,语言从根本上说就是一种社会习惯,因此所谓语法规范,只不过是人们平时所用的语言惯例的整理结果。只是由于"规范"这个词给人一种"规定"的印象,似乎谈规范就是告诉人们应该怎样说怎样写。这样的印象是表面的、肤浅的,顶多只有一半的正确性。真正的"规范"包括两个层面:主观规范和客观规范。"主观规范"指由专家通过语言研究形成的成文法则,它确实要告诉人们应该怎样说怎样写。具体到语法方面,主观规范大致相当于教学语法体系。"客观规范"是语言在自身运行中形成的全部规范,它几乎就等于整个语言系统。具体到语法方面,客观规范就相当于客观实际中存在的语法系统。主观规范是一种知识体系,它必然要带上主观认知的局限。客观规范是一种存在系统,它涵盖面之广、性能之强和规范力度之

---

① 王了一(王力)《汉语语法纲要》,上海教育出版社,1982 年,"导言"。
② 发表于中国语文杂志社编《语法研究和探索》(九),商务印书馆,2000 年。

大几乎是无限的。本族人习得和使用的语法规范主要是客观规范。客观规范不是绝对规范,其中也掺有不够纯粹的异质成分。主观规范既然是一种教学系统,它的教化性质决定了它必然带有规定性,在告诉人们应该怎样说怎样写的同时,一方面可以纠正学习者因语言修养不足而造成的语法错误,另一方面还可以排除客观规范中外来的异质成分,维持语法系统的健康运行。因此,主观规范与客观规范并不矛盾,它本身也是客观规范的一个层面,主要用于教导方面,可以培养人们规范地使用语言的能力。只是它的有限性使它不能支配全部语法运转,不能解释无限的语言使用中难以包罗的、无法预计的语法现象。语言既然是一种社会习惯,那么只要是在社会上有广泛流行度的、被群众接受和使用的、有一定表现功能的说法用法,如果已经约定俗成,即使没有包含在作为主观规范的教学语法系统中,也是语言存在的表现形式,是客观规范的一部分。它们大多属于人们通常所说的"习惯用法"或"惯用形式"。既然全部语法规则实际上等于语言使用的全部惯例的集合,那么"语言习惯"实际上更接近于"客观规范"。

## 4. "语言习惯"更接近于语法的"客观规范",这个说法很新鲜,能举出一些实例吗?

答:我的说法并不新鲜。只是由于语言习惯和语言规范的关系是一个理论问题,一般从事对外汉语教学工作的人认为只要按照教科书完成教学任务就可以了,没有必要去思考和关心这种抽象的理论问题,因此没有注意到这个问题早在上世纪 80 年代的汉语学界就有过讨论。我在《规范化——对语言变化的评价和抉择》①一文中特设一节《惯用法的合理性和语言规范的描写性》,其中两节文字是:

习惯就是习惯,它往往是无法说清道理并证明所以然的。"乱七八糟"的说法合理吗?为什么不说成"乱八九糟"呢?"五颜六色"

---

① 发表于《语文建设》1986 年第 6 期,收载于本人的《规范语言学探论》一书,上海三联书店,1998 年,第 1 页;又收载于《规范语言学探论》(增补本),上海三联书店,2003 年,第 14~30 页。

为什么不说成"五颜七色"呢?"三番五次"为什么不能说成"五番六次"呢?如果说"三""五""六"都泛指多,所说的仍然是汉族人的语言习惯。"好容易"为什么等于"好不容易"?"好不热闹"为什么等于"好热闹"?"除非你去,他才会去"为什么会等于"除非你去,他不会去"?除了用语言习惯解释外,又有什么更好的办法呢?

就是那些似乎天经地义、不可移易的语法规则,实际上也不过是对语言习惯的理论概括罢了。汉语的语序比较固定,主语一般在谓语前,宾语一般在动词后,修饰语一般在中心语前,这不正是汉族人的语言习惯吗?"读了起来"的"起来"表示开始态,为什么不用"上来"?"读了下去"的"下去"表示持续态,为什么不用"下来"?除了说是语言习惯外,恐怕也没有更好的解释。

这篇文章强调语言规范是对语言实践的描写,故应重视语言习惯及其产生的惯用法。这在当时倒是挺新鲜,因此引发了一些异议。为答复这些异议,我又发表了《语言习惯、约定俗成和语言描写》[1]一文,其中特设《语言规范和语言习惯》一节,又重申了自己的观点:

> 语言规范存在于语言本体之中,是从整个语言社团的共同习惯中产生的。
>
> 语言习惯在制定语言规范过程中的决定性地位,是由语言的风俗习惯的本质属性以及语言符号的任意性决定的。
>
> 如果能成为全社会的习惯,那么目不识丁者独创的错误也会成为规范,英语中 O.K. 一词可为例证;如果不能被全体社会接受,成为大家的语言习惯,那么语言机构或语言学家所制定、提倡的再好的规范终究仍不免要束之高阁。

其实,强调语言习惯在制定语言规范中的作用,并非笔者首创的见解。著名语言学家赵元任先生就说过:"我充分同意美国结构主义派的语言学家的观点,认为学者的工作就是记录习惯用法。"[2] 前苏联语言学家

---

[1] 发表于《语文建设》1992 年第 4 期,收载于本人的《规范语言学探索》一书,上海三联书店,1998 年第 1 版,2003 年增补本。

[2] 赵元任《什么是正确的汉语》,《江西师范大学学报》1989 年第 3 期。

斯图平在其所著《15至20世纪英语编纂史上的规范问题》一书的导言中，把各家论及的规范标准分成六种，而他本人则倾向于赞同其中的"共同习惯"这一标准①。我国的语言规范，过去一向强调既成规范，即"古已有之"的用法，轻视语言运用中流行的习惯用法，但西方语言学主流学派正好相反，比较注重当代的语言实践，强调流行的习惯用法的规范资格。其实，要想提高语言规范的效用，就非重视语言习惯不可。恰当处理语言规范和语言习惯的关系，是我国语言规范化理论与国际接轨的重要一步。现在国内的语言学界已普遍接受了"语言习惯"论。

## 5. 语言习惯问题与对外汉语语法教学有关系吗？

答：语言习惯在语言规范形成中的作用，是符合语言习得的基本原理的。强调语言习惯的作用，对于对外汉语教学有重要的理论意义。因为既然全体社会的语言习惯就几乎等同于客观语法规范，那么对外汉语语法教学的终极目的，就应当是学生对汉语社会客观语法的习得，养成跟中国人一样的语言习惯，而不是掌握一套系统的语法知识。为达此目的，我们就应当有相应的策略和方法。然而我国长期以来对外汉语的语法教学，在相当大的程度上是违背语言习得原理的。其中一个重要原因，除了没有认识到语言习惯的价值和作用外，还与我国语法学和语法教学本身的历史特点有关。我国的语法学建立较晚，始创于《马氏文通》。马建忠当初编写此书的目的就是为了使中国学生快速掌握中国语文（在当时只是文言文）。然而从学语法入手可以快速学习语文其实是一个错误认识，因为它片面强调了语文学习的理性作用而无视其习得功效。但是这一误导却被后来的语法研究和教学承袭了下来。从上世纪20年代的《新著国语文法》到50年代的"暂拟汉语语法教学系统"以及80年代的《中学教学语法系统提要》，莫不是以使学生掌握一套系统的汉语语法知识为目的的，其做法就仿佛是要培养出一批批小语法学家。主事者忽略了学语法是为了会写会用汉语而不是会分析汉语，结果是学生学会了一堆语法学术语和整套析句方法，语文应用能力却并没有因此提高多少。这套

---

① [苏]斯图平《规范的实质及确定规范的标准》，郑述谱译，《外语学刊》1992年第1期。

教学模式后来被质疑和淡化处理,中学语法知识教学的份量减轻了,但它却被移植到了对外汉语教学中。几十年来,对外汉语教学从教材编写到教学策略和教学方法的探讨,从考试内容的提取到考试方式的选取,乃至考题的设计,莫不围绕着一个个语法项目和语法知识点进行运作,结果形成了"对外汉语教学语法体系是个'纲',其余都是'目'"的语法教学局面。结果类似当年国内的中学语法教学,学生学会了一套语法知识,掌握了不少语法术语和析句方法,却没有转化为交际能力,事倍而功半。学生感到难,老师也感到难。其实,教师和学生掌握系统的语法知识的必要性是大不一样的。教师由于职业和专业的原因,必须具备系统的语法知识乃至专深的语法学修养,而学生作为语言习得者和使用者,只需要掌握少量最基本的语法规则,会做基本的语法类推就可以了,更重要的是通过大量的用例练习和多次重复的情境交际,习得变化多样的语法规则,把真实交际中的客观语法像拷贝电子文本一样内化在头脑中,成为语言能力和语言习惯。至于这些规则的"所以然",他不必像教师一样知晓。

因此,我觉得对外汉语的语法教学,从内容、策略和方式方法上,也许应该做一些调整和改进。我的想法是:

(1) 在教学内容方面,总体上应当削减语法知识教学的分量,只教一些词类、词组(短语)类型、句类和句型知识,以及一些基本的转换规则。具体到教学阶段,陆俭明先生认为:"在学习的初级阶段,主要是抓好语音教学、汉字教学和词汇教学,而不是语法教学。"[①] 我觉得这非常有道理,但我认为初级阶段可以只教很简单的一点语法,即一般所说的语法点,而且只需点到为止;到高级阶段再多讲一些稍微复杂一点的语法。

(2) 在教学目的方面,应当不求学生掌握成套的语法术语、系统的语法知识和分析技能,而只求学生知道有了某个意念应该如何说如何写,会进行交际。因此在教学中既不要过多地讲授为什么必须如此说如此写,也不要让学生讲出为什么。比如,只告诉学生该说"吃食堂""吃饭馆",而不说"吃餐厅""吃饭店";该说"我家院子里有一棵树",而不说"一

---

① 陆俭明《对外汉语教学中的语法教学》,《语言教学与研究》2000年第3期。

棵树在我家院子里"，不必讲其中的原因。就是说，学生知其然就可以，不必知其所以然，但要通过大量练习，让学生类推出很多句子。

（3）在教学策略上，应当创造把客观语法内化到学生头脑中的条件，逐渐养成真正的"汉语思维"和汉语表达习惯。具体做法是提供大量的真实语料，要求学生多读、多听、多背，读熟、听熟、背熟，通过"目治、耳治、口治"，把大量正面的、正确的、真实的汉语"拷贝"到头脑中，逐渐达到内在语法和外在客观语法的吻合一致。对所用语料文本中的语法和词汇难点可略做讲解，只求在篇内领会即可，不做详解和"发挥类推"式讲解，尤其不必讲理论知识，以免越讲越糊涂。对于学生练习和作业中出现的"中介语"，仅做点到即止的规范纠正，或者不予理睬，让学生通过大量的听、读、背活动"强身自愈"。

（4）在教学方式上，应当多使用任务型教学法，创造真实或准真实的交际情境，使学生通过实际生动的交际训练，感受体验大量从未听说过的语句，从而把这些表达方式变成自己的语言习惯。

（5）加强对学生的课外语言实践指导。首先，从道理上向学生讲清楚课外语言实践对养成汉语表达习惯的重要性，告诫学生不要自我封闭，只学课堂汉语；其次，应把学生的课外语言实践纳入课堂教学计划，先布置学生在课外从事某项活动或阅读某些书刊，然后在课堂上做复述式汇报，并计入成绩。这样的实践活动应多次进行，直到成为学生的兴趣和自发的愿望。另外，还应嘱咐学生之间在课外也尽量说汉语，不要说母语或其他语言。

## 6. 普通话定义中"典范的现代白话文著作"的"典范"如何理解？能否为我们列一份典范著作的清单？在写作大众化的当今，典范作品的规范作用是否已经过时了？

答："典范"有经典性、示范性的意思。著名作家的代表作有广大的影响范围和持久的影响力，在语言使用上有示范作用，可以用来做语法规范的样本。典范作品与一般作品在形成全民语言规范过程中的作用大小不同,这是毫无疑问的。不过,用动态规范的观念看来,单纯用典范作品来规范变动不居的语言生活,在理论上难以说通,在实践中难以贯彻。原因之一是,作品一旦完成,就成为"过去时"的、固化的文本,它所包含和所能展示的是既成规范,而不是可能规范①;其二,现在是大众传媒时代,大众传媒的语言影响力相当巨大,其中正式出版物的影响作用,总体上是积极良好的,典范作品的影响力已经受到挑战并有所削弱;其三,经典作品的语言过于书面化,文学经典的人物语言也往往带上地方特点,对口语的规范作用有限,而在方言地区推广普通话,以及在对外汉语教学中教授普通话,口语规范是占相当比重的。由于这些原因,我们很难开列一份"典范著作"的清单,如果真的开列出来,反倒会成为众矢之的。

然而话说回来,著名作家的典范作品,在建立语法规范方面的作用仍然不应被低估。这不仅是因为语法研究和词典编纂的语料文本多为著名作家的典范作品,也因为不管语言怎样发展变化,作为语法主干的基础部分总是相对稳定的,根据典范著作中具有普遍意义的用例描写出的语法,具有权威性和示范性,容易获得接受和认同。实际上,无论是专家的语法研究、教学语法体系的研制修订,还是词典编纂的语法用例,都是在注重保持传统的基础语法的稳定性的同时,也关注大众传媒的语法变化,留心吸收其中有表现力的新成分、新用法,建立新的语法规范,以反映和推进语法的发展。时至今日,已经没有一个语言学家认为仅仅根据典范著作就可以建立全部语法规范了。至于"典范"的提法,出自普遍的权威崇尚时代,那时不仅中国,还有国外不少著名语言学家,在讨论语言规范制定标准时,都是主张依据文学经典的,由此形成过语言规范的"文学权威论"。现在尽管由于传媒和出版业的发达,写作已经大众化,但是著名作家的典范作品所达到的语言水准和高度,依然是大众写手们难以企及的,依然对全民的语言使用有示范作用。而且典范作品不会推出一批就没有后继,而是会随时代的演进而陆续出新,因此不能说典范作品的规范作用已经过时。

---

① 关于"既成规范"和"可能规范",详见笔者《语言功能和可能规范》,《语言文字应用》1999年第2期。

## 7. 新时期以来汉语语法有哪些变化和发展？其中有哪些可以成为新的语法规范？

答：新时期以来，社会价值观念趋向多元，文化出版业空前繁荣，发表作品和言论的机会增多了，语言文字的规范和约束有所放宽了，个性化的表达受到了尊重，互联网兴起则又提供了无比广大的自由发表空间。这些条件和因素的综合，加快了汉语演变，形成了变化发展非常明显的"当代汉语"阶段。当代汉语的特点主要表现在词汇方面，其次是语法、修辞和语体风格方面。很多原有的语法规则受到了冲击，实现了突破和改变，出现了许多新组合、新格式和新规则。主要的表现有以下几种：

（1）名词活用为形容词的现象大量涌现

古代汉语多是单音节实词，词类界限比较模糊。现代汉语多是双音节词，词类界限趋向清晰。在现代汉语教科书中，"程度副词和否定副词不能修饰名词"是作为一条语法规则来讲授的，而且这条规则也是鉴别、区分名词和形容词的一条标准。违反这条规则的语言用例被判定为"不合规范"。但在当代汉语中，下列几种格式及其表现的语法组合已很常见：

a. 程度副词＋名词

很实惠　很款式　很绅士　很淑女　很当代　很阳光　很中国
很日本　很德国　特爷们儿　太林妹妹　太男人　最福气
顶悲剧　非常小儿科

b. 不＋名词

不男人　不淑女　不流氓　不现代　不农民　不绅士　不老相
不上流　不人情　不名誉　不神经　不势利眼

c. 比N还N（两N为同一名词）

比大人还大人　　　比主人还主人　　　比龟孙子还龟孙子
比专家还专家　　　比西洋人还西洋人　比白领还要白领
比苏州还苏州　　　比卓别林还卓别林　比法国人还法国人

比日本人还日本人

比撒切尔夫人还风度（此例前后两 N 为不同的词）

d. (更)N 一点(儿)/一些

他需要表现得更人性一点。

他也比我更中国一些。

说得生意经一点……

眉毛八字一点怕啥，眼睛小一点怕啥？

欧洲足球俱乐部……更商业一些……

上列 a、b、c 三类的名词和 c 类的后一名词不仅有普通名词，还有专有名词（人名、地名），但都作为表示相关性状的形容词来使用。比如"实惠"本为"实际的好处"，但"很实惠"的"实惠"则是"便宜、合算、物美价廉"的意思；"不男人"就是"不够阳刚、缺少男子气概"的意思；"比大人还大人"意思是"比大人还要老成"；苏州以风景优美闻名，"比苏州还苏州"，就是比苏州风景还要优美；"更中国一些"，就是有更多中国人的特点。其余例子均可如此类推理解。

(2) 名词活用为动词，其中有的还带上宾语

你就跟他对象呗，挺般配。

我还没对哪个女同志这么好感过。

干脆给意思个小学校吧，省得孩子们三里五里往外村跑去念书。

命运格外恩惠我，我今天圆了清华梦。

老板急功近利儿戏人命。

严格地说，上述例句画线的部分都是不合语法规范的。按照句意推断其规范说法，"跟他对象"就是"跟他谈对象"，"好感过"就是"产生过好感"，"意思个小学校"就是"（出钱）办个小学校"，"恩惠我"就是"施恩惠于我"，"儿戏人命"就是"拿人命当儿戏"。不过从"活用"的角度看，这样的用法不仅可以成立，而且有简洁的功效。

以上 (1)、(2) 两类用例，多数出自文学作品语言和口语，尽管有的已出现多次，但仍然是言语行文中为求言辞简洁活泼而对词类规范的临时变通，其交际效果依赖于特定的言语情境，是一种语境修辞现象。

## 第六章 语法规范问题

除"很实惠"的"实惠"外,其他名词都没因这类使用而改变词性。如果讨论这些用例的规范资格,它们可以说合乎言语的语法规范,但并不符合名词用法的语言规范,仍然属于词类"活用",还没有达到"兼类"的程度。唯有"实惠",除了保留名词的词性和意义外,其形容词的词性已很明显,如可以单独作谓语("价钱实惠"),还可以重叠使用("实实惠惠"),因此已作为兼类词收入《现代汉语词典》(第5版)。但个别词语的词性变动并不能改变整体名词的语法规范。区分言语的语法规范和语言的语法规范,可以避免刚性标准造成的定性困难。

(3) 动宾式动词带宾语的用例猛增

动宾结构带宾语的用例上古时代就有,历代亦不乏其例,近代以来在翻译西方文献的过程中,类型和用例均有所增加,王力先生曾归纳为"欧化的语法",一方面认为是"一种欠妥的翻译",同时又肯定其有"简洁的好处"。当时所举常见形式,也不过"动员民众""上帝祝福你""敌军登陆北海"等数例①。上世纪50—60年代,大陆汉语规范标准执行偏严,出版物中此类用例较为少见,以致80—90年代大量出现时,显得特别另类。著名语言学家邢公畹先生认为此类用法违背了汉语语法规律,曾专门撰文呼吁加以规范②,由此引起了一番讨论。然而这类格式既然古已有之,且一直在孳生,现在大量出现也是汉语语法潜在可能性的表现,邢先生所说的"规律"出于主观,未能符合语言事实。在邢文发表前编纂出版的《动词用法词典》③,据邹韶华先生统计,收有"支配式"(即动宾式)动词40个,能带宾语的就有28个④,不能带宾语的仅8个。且这8个中"帮忙、服务、挑战、道歉"等4个已有不少带宾语的用例,只有"开幕、闭幕、离婚、鞠躬"4个词至今未见有带宾语的用例。邹先生认为:"依据今天的情况来看,支配式动词能带宾语的绝非少数几个,而是几十上

---

① 王力《中国语法理论》(下册),中华书局,1954年,第263页。
② 邢公畹《一种似乎要流行开来的可疑句式——动宾式动词+宾语》,《语文建设》1997年第4期。
③ 孟琮等编《动词用法词典》,上海辞书出版社,1987年。
④ 这28个词是:抱怨、毕业、操心、出版、担心、当心、动员、发愁、放心、复员、负责、关心、害怕、留心、留神、满意、忍心、伤心、贪污、讨厌、提醒、提议、听说、增产、着急、注意、着手、着眼,见吕冀平、戴昭铭《当前我国语言文字的规范化问题》中邹韶华所撰的第四章《语法的规范化问题》,上海教育出版社,2000年,第329页。

百个。"他又列举了23个例句,除去其中重复出现的,相关动词有21个[①]:

帮忙 讨厌 招工 耐烦 移民 致信 执教 落户 享誉
操心 出台 领先 续弦 任职 入股 造福 曝光 避难
偏心 失宠 介意

除了以上词语之外,我们从1996—2008年的语料中又收集到以下词例:

移师 投身 发力 问鼎 备战 取信 放歌 入围 进军
攀亲 罚跪 染指 燎原 转战 行骗 出土 告别

动宾式动词带宾语的用法仍在发展,新例不断增加。2010年爆红的新词"给力",一面世就有大量带宾语的用例。这种用法与人们意念中的"原型"相比,由于省略了介词,在表达上有简洁明快的功效,又合乎汉语的意合性质,在标题语中用得特别普遍。可见,以规范资格而论,它们与前面的(1)、(2)两类是不一样的。(1)、(2)两类用例多数只能合乎言语规范而不能进入语言规范,而(3)类用例大多数是可以视为合乎语言规范的。邹韶华先生认为:

> 支配式动词带宾语,从历时的角度看不应有禁区,即过去不能带的,不等于现在不能带,现在不能带的,不等于将来一定不能带;从共时的角度看却可以有正误,即已为人们所接受的就是正确的,尚未为人们所接受的就是不规范的。不过从共时角度看,不宜二分,以三分为好,除正误之外还应允许一个中间状态存在。

我们赞同邹先生的意见,新出现的此类用例多数可以划入正误之间的"中间状态",不必定为语法错误(邹先生定为真正属于语法错误的也只有"招工你"一例)。实际上,那些不常见的"动宾式动词带宾语"的新用法大多都是汉语语法可能性的表现。如果这样的看法可以成立,那么,在今后新编的汉语语法教科书中,"汉语动宾式动词多数可以带宾语"就可以作为一条新的语法规则来表述了。在这个意义上可以说,当代汉语丰富发展了汉语语法,创造了新的语法规范。

---

[①] 见吕冀平、戴昭铭《当前我国语言文字的规范化问题》中邹韶华所撰的第四章《语法的规范化问题》,上海教育出版社,2000年,第329~332页。

## 8. 语法变化中的是是非非如此复杂，专家们在分析评判时似乎也很不容易，对外汉语教学有讲的必要吗？

答：教学的目的是为了应用。教学内容与学生的应用能力有直接关联。语言的现状实际如此，如果在教学中不讲，不告诉他们如何看待变化中和变化后的语言样态，他们在阅读中遇到了就会感到困惑。为了教学和应用不致脱节，在语法教学中适当引入当代汉语语法变化的内容是很有必要的。尤其是在高级阶段，应当把语法变化作为专题知识来讲授。

要不要讲语法变化，不是单纯的教学内容问题，而是语言观的问题。结构主义语言学和社会语言学都持语言系统观。但结构主义把语言看成静态的同质的系统，社会语言学把语言看成由各种变体构成的异质有序系统。语言教学一般要讲授稳固定型的知识，语言规范也追求相对稳定，二者最容易接受结构主义语言观，实际上，长期以来主宰我国语言教学和语言规范领域的语言学思想一直是结构主义理论，对于有变异形式的语言单位一般只推崇正体而轻视甚至排斥变体。然而，在社会语言使用中，一些变体的出现率往往要大大高于正体，变体的交际价值和应用价值应当受到重视才对。更何况，如前所述，当代汉语变化的一些类型性用例，已经不是个别的孤立的例子，而是显示了语法发展趋势的规律性现象，其中一部分已具备言语规范资质，另一部分已具备语言规范资质。在这种情况下，如果我们仍因其是语言变化而回避不讲，那么对外汉语的语法教学就成了一种残缺不全、脱离现实、不顾及应用的教学。我想我们的老师不会希望自己的教学是这样的。

语法变化应当怎样讲，也是很重要的问题，需要富有经验的教师共同探讨摸索。但是有一条原则可能是很重要的，就是只需告知而不必深究细析。因为语法变化涉及的问题太广，要想弄清一种语言现象之所以如此并说明其规范资格，其中的理论问题、历史问题、语言特点问题、功能和价值问题等等，几乎都要涉及，专家们讨论起来都不轻松，如果把其中的原委给学生细讲一番，即便本意是想让学生明白一点道理，结果也可能是越讲越糊涂。语言教学不是语言研究，学习者可以只知其然而不知所以然，因此讲授时可以点到即止，不必面面俱到地和盘托出。

比如只这样告诉学生就行：说一个人很有绅士风度，现在常说成"很绅士"；说一个人或一件事更有或很有中国特色，现在也说"更中国一些"或"很中国"……可以尽量多告知实例，但不必概括到理性的高度。例子举多了，学生就会悟出例子中包含的类推规则，再遇到没有讲过的新用例也能领悟出大概意思。能这样讲的话，教学的目的就达到了。

## 9. 评判语法变化的是非，有哪些可以依循的原则？

答：语法变化是既成语法规范被突破，产生了变异。变异结果是形成同义表达的不同变体。各种新生变体成因不同，价值不等。有的添加了新的表达功能（如更准确、更经济、更生动），属于创新形式，可归为有益的突破；有的不仅没有添加新的表达功能，反而妨碍理解，是错误形式，应归为无益的突破。面对形形色色的语法变化，语言研究者不宜贸然凭主观断定是非，而应冷静地进行分析、评价，以便做出符合语言发展客观规律的抉择。这就要有一些大家认可的原则，根据这些原则，可以获得较多的共识，避免无谓的争端。一般说来，评判语法变化的是非有两条总原则可以依循：一是理性原则，二是习性原则。

所谓理性原则，就是讲道理，从道理上讲得通就是对的，否则就是错的。"道理"包含语法规则和逻辑事理两方面。上世纪80年代，"推出××"这一新的搭配形式流行之初，有学者认为，"从吃的、使的、用的，到看的、听的、读的，都可以'推出'"，属于"滥用""不可取"的错误形式[①]，引起了讨论。多数学者认为"推出××"是很有表现力的新形式，应予容忍保留。为什么呢？从语法规则上看，它合乎汉语词组中基本的动宾表达格式；从事理上讲，"推出××"就是把一种新事物以快速的方式展示给公众，是合乎事理的，不会引起误解，而且比用"展示""展现"等词更能充分表现积极主动的精神。认为"滥用"只是因为这一格式不常见而已。但过去没有并不等于现在和今后也不能有、不能用。尽管语言学界尚有争议，但语言应用并未受到影响，"推出××"的格式依然在流行。以下实例皆出自《人民日报》（括号内标示的是该报日期）：

---

① 徐仲华《滥用"推出"不可取》，《语文建设》1987年第2期。

中国大百科全书<u>推出</u>大气海洋水文卷（1987/12/31）

中国人民解放军总政歌剧团<u>推出</u>的中国歌剧欣赏晚会，二月十五日在京举行。（1990/02/01）

巴黎出版的中文报纸《欧洲时报》从今日<u>推出</u>法文周末版《路》（1991/11/10）

上海移动4月21日<u>推出</u>被称为"准单向收费"的"来话畅听"业务，在沪手机市场引起巨大震动（2003/04/23）

"推出××"这一新格式在语言使用中表现出的生命力，使得"推出"获得了独立的意义，成了一个新词。《现代汉语词典》从1978年第1版到2002年第4版一直没有"推出"一词，2005年的第5版终于收载了此词：

【推出】tuīchū 动 使产生；使出现：～新品牌｜歌坛～好几位新人。

20多年的汉语发展已经证明了"推出××"这一新语法格式的合理性。

"理性原则"的效用固然在于可以保护有价值的突破形式，但更主要的还在于可以通过理性分析消除那些真正的语法错误。作者和编辑语言修养的不足、个别作家刻意"反规范"的标新立异行为，会使一些似是而非的用法流行于世。"语文评改"中很大一部分工作是评改语法错误，评改的主要方式就是理性分析。只有分析，才能找到错误所在；只有把道理讲透，才能服人。

汉语语法意合性强，有的语法格式表面上似乎欠缺理性，但如仔细分析，原来深层中隐含着理性。这方面最典型的事例是"打扫卫生"和"恢复疲劳"两个短语在上世纪50年代引起的讨论。当时很多人认为它们不合事理："打扫"的对象应该是居处、环境，怎么能是"卫生"呢？"疲劳"应该被消除，怎么可以"恢复"呢？既然不合事理，那么它们就是语法错误，不合规范，应当禁止使用。但这样的分析不合实际，是不恰当的，因为汉语动词和宾语的关系并非只有动作和对象一种。学者们认为不合理，社会上却照样使用，于是有人认为"习非成是"了。到80年代，这两个词语又被翻出来重新讨论，人们从汉语动词和宾语有多种语义关系的角度探讨它们的合理性，认识到它们就像"古已有之"的"养病""救火"一样：乍一看不合事理，"养"的是身体，怎么是"病"

呢？"救"的是人，怎么是"火"呢？但是从未有人对这两个词的规范资格表示过异议。原来"养病"隐含着"养身祛病"的事理，这个词组缩合成"养病"，动词和宾语的关系就变成了行为和原因的关系，"病"不再是对象宾语，而是原因宾语了；"救火"隐含着"从火中救出人或财产"的事理，"火"指"失火的场所"，在"救火"中可被视为场所宾语；"打扫卫生"隐含着"打扫环境、保持卫生"的事理，是"为卫生而打扫（环境）"的凝练表达形式，可分析为目的宾语；"恢复疲劳"隐含着"消除疲劳、恢复精力"的事理，是"从疲劳中恢复过来"的凝练表达形式，"疲劳"可分析为状态宾语。这样分析以后，人们从理性上接受了它们，再没有人把它们当成习非成是的形式了。

所谓"习性原则"，指的是从理性上不一定讲得通，但习惯上大家就这么说，也可以认为是合乎规范的。这里有两种情况：一种是叠架形式，一种是习非成是形式。

"叠架形式"是指一种含有重复出现的语义成分而又结构紧凑的固定形式或准固定形式。主要有以下七种类型：

（1）涉及到：正体为"涉及"，"涉及到"为变体。"到=及"，二字语义重复，形成叠架。

（2）认为是/以为是/算作是/当作是/看作是：它们的正体本来分别是"认为/以为/算作/当作/看作"等两字组合，"是"是衍生成分，与其前的"为、作"等语义重复，构成叠架。

（3）凯旋归来/凯旋而归/胜利凯旋：它们的正体是"凯旋"。"凯"的意思是"胜利"，"旋"的意思是"归、归来"。在"凯旋归来"和"凯旋而归"中，"归来""归"与"旋"语义重复；在"胜利凯旋"中，"胜利"和"凯"语义重复。

（4）悬殊很大/差别悬殊：这两个形式的正体是"悬殊"。"悬"就是"（差别）大"的意思，"殊"就是"差别"。前一例"悬"和"大"语义重复，后一例"差别"和"殊"语义重复。

（5）公诸于/诉诸于/述诸于/求诸于：它们的本体有两种："V之于"和"V诸"。"诸"是"之于"的合音词，如果写成"V诸于"，就等于说"V之于于"，构成叠架。

（6）来自于/得自于/源自于：它们的正体是不加"于"的"V自"

("源自"也常说成"源于")。"自""于"都是介词,都有表示起点、来源的意思,"自""于"同现,成为叠架。

(7) 是否是:正体为"是否","否"即"不是"。说"是不是"是可以的,说"是否是"等于说"是否是是",构成叠架。

为评价上述类型和例子,我专门写过一篇文章《叠架形式和语言规范》①,认为(1)~(6)类例子均已具有规范资格。理由是多方面的,主要是它们都已经是一些习惯性的表达形式,使用频率已超过正体。人们之所以爱用这些变体,首先是由于正体中有语义磨损的成分,意思不够明确,而使用者又总想把话说得更明白一点;其次还有节律的因素。它们与真正的习非成是多少还有一点区别。最能表明它们的习用性质的情况是:即便是在理性上对"涉及到"最反感的人,口头上不自觉地说出的也是"涉及到"而不是"涉及"。很明显,现在要想用语文评改的方式使人们放弃使用叠架形式而回归"正体",已根本不可能。

"习非成是"是指那些已被明确指为"语法错误"而就是难以纠正的形式,人们总是爱用"错误"形式,语言学界也只得"将错就错",最终不得不把"错误"形式作为规范形式。这方面最"经典"的个案是上世纪70—80年代之交关于"贵宾们所到之处"的讨论。当时书面语经常出现的是"贵宾们所到之处都受到了热烈的欢迎",多数人都认为这种说法有语法错误,应在"所到之处"前加一个"在"字才合语法,也符合句意。然而专家们的意见终究被束之高阁,出版物上使用的依然是"贵宾们所到之处"。上面所说的"叠架形式"的第(7)类"是否是"也是这样,不独本人,很多语文评改也判定为错,然而至今仍然常能见到"是否是"。如果任其存在,则又是一个习非成是的典型例子。语言的习性力量总是大于理性力量,专家意见的效用是很有限的。上世纪50年代,有学者曾把"写了出来""走了出去""充满着""进行着"等形式都判为不合规范,理由是已经有"出来""出去"表示结果,再加上"了"就构成重复;"充满"本身表示完成,加上"着"就弄得"前后矛盾";"进行"

---

① 发表于《语言文字应用》1996年第2期。

本身表示持续,加上"着"就是"画蛇添足"。① 可是语言发展的事实已否定了这位专家的意见。正像邹韶华先生所言:"如果今天再将'走了出去'、'充满着胜利的喜悦'这样的用法判错那就过于迂腐了。"②

习性原则可以用来肯定那些流传既久的惯用形式的规范资格,也可以用来否定那些出于个人或少数人的语法错误的规范资格。因为被社会久用成习惯的形式都有较高的流行度,而那些个人或少数人的语法错误或临时用法则不会广泛流行。其间差异可以用现代的词频统计技术显示。把流行度高的形式定为规范,流行度低的定为不合规范,都合乎习性原则。假如对"宣传群众""动员群众""组织群众"三个词组进行统计,"宣传群众"的频次肯定大大低于"动员群众"和"组织群众",这样来否定"宣传群众"的规范资格,就比较有说服力。(至于"宣传群众"形成的原因,可以解释为为了同其他两个动宾词组并列成整齐的联合结构,是一种临时用法。这是另一回事。)

## 10. 据说,新时期中国文学界曾兴起文学语言"反规范"的浪潮,这是怎么一回事?文学语言是"反规范"的语言吗?"反规范"的主张行得通吗?

答:从上世纪 80 年代中期到 90 年代中期大约十来年中,中国文学界确实曾有过一阵反语言规范的浪潮。开始时,只是针对语法规范,有的文学评论工作者认为现代汉语语法束缚了作家们的创造力,强调要"打破……汉语语法结构,采用引进冷僻词语、颠倒语言秩序等技巧",进行一场"语言的符号性变革,以及语言符号的构造法则的多方面探索和实验"③,个别态度激烈者甚至提出要"扭断语法的脖子",但汉语学界普遍不以为然。后来又有人提出"文学语言在本质上是反规范的"这一论题

---

① 陆宗达《关于语法规范化的问题》,收载于《现代汉语规范问题学术会议文件汇编》,科学出版社,1956 年。

② 见吕冀平、戴昭铭《当前我国语言文字的规范化问题》中邹韶华所撰的第四章《语法的规范化问题》,上海教育出版社,2000 年,第 392 页。

③ 罗强烈《小说叙述观念与艺术形象构成的实证分析》,《文学评论》1986 年第 2 期。

## 第六章　语法规范问题

进行论证，认为"从古典文学到现代文学，从现实主义到现代主义，文学语言乖离规范的步子越来越大，文学语言的自律性越来越得到充分的发展"①，把文学语言的发展史描述成了"反规范"的历史。还有评论者认为："有时，艺术对象被描绘得神情毕现，是以语言规范被冲击得七零八落为代价的"，"古今中外文学创作中存在大量的语言'犯规'现象"，"不是坏'病'，而是好'病'，甚至是一种很美丽的、很有魅力的'病'"②。然而他们举的所谓"反规范"的例证大多只是修辞上有些特色，并非真的违反了语言规范。这说明在这些"反规范"论者心目中，对于"语法""规范""文学语言的本质""语言规范的限制"等一系列基本概念都不甚了了。更令人称奇的是，他们竟对下面这段文字赞誉有加：

> 崖畔上长着竹，皆瘦，死死地咬着岩缝繁衍绿。一少年将竹捆五个六个地掀下崖底乱石丛里了，砍刀就静落草中，明亮亮地，像失遗的一柄弯月。

这是贾平凹小说《火纸》开头的几句话，我们读起来感到非常滞涩拗口，有的地方意思晦暗，颇费猜想，他们却认为"挺'好看'，挺有味道"，"假如完全规范化，可能会像白开水那样淡而无味，失去审美魅力"。遵守规范的语言没有"魅力"，这种观点使我们怀疑他们的语言审美情趣是否正常。然而他们却要把这种情趣从文学界推广到汉语学界，于是引发了文学界和汉语学界的一场对话和讨论。③

那么，应该怎样恰当看待当年文学界发起的这场"反规范"事件呢？

吕叔湘先生曾经指出文学语言不规范现象有三个原因，其中首要的原因是："有的作家心里有这样一种想法，就是语言上要出奇制胜。他们觉得按一般人的文字的样子去写，不出色，说得奇怪一点，人家就注意了。"④ 吕先生的话一针见血：文学语言不规范现象的根源在于作家想要

---

① 贺兴安《文学语言在本质上是反规范的》，《语文建设》1992年第5期。
② 杜书瀛、俞岸《文学语言：遵循规范与突破规范》，《语文建设》1992年第7期。
③ 这场对话和讨论的文章，集中刊发在《语文建设》特辟的"文学语言规范问题"专栏中，见《语文建设》1992年第4期至1993年第11期。
④ 吕叔湘《文学语言不规范的三个原因》，《语文建设》1992年第4期。

"出奇制胜"。是的，文学是语言的艺术，作家应当创造性地使用语言，应当形成自己的语言风格，这是毫无疑义的，但是"出奇制胜"不能以牺牲语言规范为代价。文学评论工作者对作家们的做法不仅缺乏分析批判，反而变本加厉，推波助澜，提出"文学语言应当反规范"的命题，这在逻辑上是混乱的，其内容也是荒谬的，更缺乏事实的支持。"语言规范"是语言交际中大家都应共同遵守的一套规则。只有遵守规范，才能达成交际。文学作品是写给人读的，只有合乎语言规范才能读懂。文学语言与日常语言的不同之处，并不在于"反规范"，而只是由于它需要艺术化地表现生活、表达思想感情，因而增添了一些形象化的修辞手法。但这些修辞表现方式也是在民族语言修辞规范可能使用的范围之内的，是对语言可能性的创造性利用。只有这样才能收到语言美学的效果，才能被读者理解和接受。这种情形就像人的日常动作和舞蹈动作的关系。平常人们行走、劳作、健身都要使用肢体动作，舞蹈艺术主要也靠肢体动作表现；舞蹈动作和日常动作都要受人体生理构造和地心引力的制约，形成一些必须共同遵守的基本动作规范，比如都可以弯腰但都"噬脐莫及"，都可以扭头但都见不到自己的后背，都可以蹦高但最终都要落地。舞蹈动作只是把日常的肢体动作节奏化、优美化了，并没有超越人类肢体动作的可能性；人类语言在文学领域无论怎样创造性地使用，也是其本身可能性的表现。"反规范"论者意欲提高文学语言的艺术水准，其愿望也许良好，然而以语言规范为假想敌，以冲破语言规范的限制为手段，在理论上是错误的，在实践上是南辕北辙、缘木求鱼，势必徒劳无功不说，而且还会产生误导作用，引出不良后果。

　　那么，作家提高语言运用水准、创造高水平艺术语言的正确途径何在呢？我们认为，应当不断提高自己的思想修养和语言修养，加强自己驾驭汉语的能力，而不是采用"反规范"的做法。历史上那些文学大师们留下的不朽著作，既是遵守汉语规范的典范，又是语言创新的典范，没有一部是"反规范"的典范。只要看看他们的作品，我们就能明白其中的道理了。

## 11. 什么是中介语？中介语有哪些特点？中介语同规范化有关系吗？

答：中介语（Interlanguage）是第二语言的学习者在学习过程中产生的既不同于母语，又不同于目的语的一种中间状态的语言。中介语在外语教学和对外汉语教学过程中的语音、词汇、语法等方面都有表现。这里只谈对外汉语教学的中介语。外国人在学习汉语过程中的中介语有一些共同的特点，主要是：

（1）系统性偏误。中介语中出现的不合目的语标准的错误，不是一种临时性的、个人性的失误，而是由于受母语的干扰产生"负迁移"的结果，是一种系统性的偏误。系统性偏误是由错误类推而形成的，因此具有类型化的特点。比如蒙古语的基本语序是 SOV（主语＋宾语＋动词），而汉语的基本语序是 SVO（主语＋动词＋宾语），蒙古学生学说汉语时往往用本国语言的语序来类推汉语，把"我晚上去酒吧"说成"晚上我酒吧去"，把"我买了三支钢笔"说成"我钢笔三支买"；蒙古语中没有/y/音位，蒙古学生读汉语普通话的元音 ü，往往读成母语中的/u/音位，把"我去了"读成"我［tɕʻu］了"；另外，他们还不易把握汉语拼音的 iu 和 üe 两个韵母，以致说出的"老师好好休息"常被听成"老师好好学习"。[①] 这种偏误是群体性发生的，即凡以蒙古语为母语的汉语学习者都会犯类似错误；同时又是可类推的系列性错误，即同一种偏误会在同一聚合群中通过类推成为一系列性普遍性错误。这就是中介语偏误的系统性表现。

（2）国别性特性。由于不同国家的汉语学习者有不同的母语背景，所受"负迁移"的影响不同，因此中介语表现出来的偏误具有国别特征，即中介语的偏误类型往往因学生来源的国别而异。由于语际界限实际上不同于国家区分，而中介语特征主要来自母语，因此说是"国别"，其实是指母语语种或语族的差别。比如来自英语国家的学生，常会说出这样

---

[①] 隽娅玮《蒙古国汉语教学状况及相关对策的研究》，黑龙江大学 2008 级汉语言文字学硕士学位论文。

的话①：

| | |
|---|---|
| 我想见面她。 | （应为：我想跟她见面。） |
| 我正在生气他。 | （应为：我正在生他的气。） |
| 我在一家书店打工过。 | （应为：我在一家书店打过工。） |
| 他们两个人一直跳舞着。 | （应为：他们两个人一直跳着舞。） |

这些错误的产生，显然是把英语语法不恰当地类推到汉语中的结果。汉语中的"见面、生气、打工、跳舞"在词义上分别对应英语的 meet、angry、work、dance，但在词法上，这几个英语动词都是不可分析的单语素词，而对应的汉语动词是可分析的离合词，英语国家的学生套用英语语法来使用汉语离合词，就产生了上述偏误。又如韩语的量词 gae 对应汉语的量词"个"，gae 和"个"在各自语言使用中都被泛化了，但汉语"个"的泛化程度远远不及韩语的 gae，韩语中的 gae 是一个万用量词，几乎所有名词都可以跟 gae 搭配。韩国学生在学说汉语时，用 gae 的用法来类推"个"，结果会出现"一个啤酒"（一瓶啤酒）、"一个米饭"（一碗米饭）和"一个年"（一年）、"一个天"（一天）之类的偏误。②

（3）可变性。中介语尽管是群体现象而且有国别性，但就具体的学习者个人而言，也不是一成不变的，而是可变的。变化有进化、退化和僵化三种趋向。进化是指偏误减少、中介语朝目的语标准发展；退化与进化方向相反，指偏误增加、日渐远离目的语标准的趋向；僵化又叫石化，是指固化在中介语的某个阶段状态不变，即便长期在目的语环境中也难以习得标准的目的语。

就基本性质而言，中介语是一种过渡性的语言现象。尽管中介语的偏误具有非标准的性质，但是语言规范化通常不以中介语为对象。中介语只是对外汉语教学研究的对象。不过，因为中介语是非标准的语言现象，是语言学习中学生的言语错误，所以作为对外汉语老师就要认真对待。在某种意义上说，对外汉语教学的整个过程就是一个不断地纠正中介语中陆续出现的偏误的过程，是一个不断削弱学习者的中介语系统而

---

① 例句系杨泉提供。
② 张博等《基于中介语语料库的汉语词汇专题研究》，北京大学出版社，2008年，第85～86页。

强化植入目的语系统的过程,换句话说,就是一个促使中介语进化到标准目的语的过程。这个过程推进得好,就可以避免中介语的退化和僵化,使学生学到地道的规范汉语。因此纠正中介语的偏误也具有规范化的性质和作用,是一项与汉语规范化有密切关系的工作。

## 12. 什么是"杂菜式华语"?"杂菜式华语"能成为语言规范吗?应当如何对待"杂菜式华语"?

答:"杂菜式华语"又叫"罗惹华语",是流行于新加坡华人社区中的一种以华语为基础的、掺入了一些英语、马来语和汉语方言成分的华语变体。"罗惹"是马来语 Rojak 的中文音译词。Rojak 是把各种美味菜肴拼装在一起的食品,类似中国的什锦拼盘,深受新马地区人的喜爱。由于其成分混杂而标准不一,颇有随意性,与新加坡华人社区流行的这种华语变体的"混杂、随意"的性质非常相似,因此被借用来命名这种带有语码混合性质的华语变体。下面是吴英成先生引用的"罗惹华语"的三个例子[①]:

第1例

  Violence 的家庭就会有 violence 的孩子。Acutually,parents 就是孩子的 role model。(暴力的家庭就会有暴力的孩子,其实父母就是孩子的榜样。——《小孩不笨》台词)

第2例

  甲:你不就是 3 SIR 的 Corporal Lim 吗?好久不见,现在做什么工啊?(你不就是第三步兵团的林中士吗?好久不见,现在做些什么工作呀?)

  乙:自从 ROD 以后,我和 Sergeant Tay 都一起到 Telecom 做 technician。(自从退伍以后,我和郑上士一同到电讯局当技术员。)

---

[①] 吴英成《汉语国际传播:新加坡视角》,商务印书馆,2010年,第39~40页、第70页。

第3例

  甲：这个 assignment 的 deadline 是几时 huh?
  乙：好像是下礼拜一，你还没有 start 咩 [mie¹]？
  甲：Where got time，这样多东西做，这个 semester really like hell.
  乙：Aitsai（劝人要保持冷静、镇定），还有三个礼拜，think about 你的方帽子 lor，then got motivation。

  上述用例只是华语和英语的混合，出自对中文、英文均有一些修养的人（吴英成先生称之为"半桶水"双语人）的口中或笔下，还算是比较"中规中矩"的"罗惹华语"。至于出自底层社会人群口中的"罗惹华语"，成分更杂，也更不讲"规矩"。

  "杂菜式华语"的形成和流行有其历史和现实的根由。新加坡原为英国殖民地，是马来西亚的一部分，本地土著以马来人为多，华人是来自中国东南沿海闽、粤方言区的移民。1965年新加坡独立建国后，尽管实行英、华双语教育，但实际上一直是英语居于强势，华语处于弱势，华人家庭中方言又多居强势，华语只是人们从当地华文学校中所得的一些有限的知识和能力。1979年后李光耀总理身体力行倡导"讲华语运动"，华语声望有所上升，但华人的华语能力提升并不明显，华文在英文的强势压力下反而有萎缩的趋势。在华语能力普遍不强、标准华语交际难以形成的条件下，具有语码混合性质的"杂菜式华语"反而因表达和交际的便捷性受到青睐。这种华语变体尽管很少登大雅之堂，但在华人社会和私人交际中却很有流行度。甚至在基层官员面对底层华人群体的公共交际中，也因其草根属性而令人有亲切感，标准华语反倒令人产生生疏感。① 一种语言变体有这样的社会基础和交际功能，仅仅因为其不够规范、不合标准而加以禁止，显然是办不到的事。与其禁而不止，不如听其自然。然而，从语言教学的角度讲，我们不能仅因其尚有交际功能而加以推许或赞赏。其中的道理在于：

---

  ① 郭丽娟、许晓薇《杂菜式华语　对不起，你在讲华语吗?》，新加坡《联合早报》电子版1999年12月9日新加坡新闻版。

首先,"杂菜式华语"并不是"新加坡华语",它只是以新加坡华语为基础的一种混合语码。新加坡华语有自己的规范系统和规范标准,是一种具有强大功能和广泛通用度的法定官方语言,是华语高级变体的一种。"杂菜式华语"只是在私人或底层社会有一定交际功能的、通行度狭隘的低级变体。

第二,由于"杂菜式华语"多种语码混合的性质,以及使用者根据自己的能力和兴趣在语码选择上的随意性,它不可能有一定的使用标准。只要有新加坡标准华语存在,它就不可能形成自己的语言规范。它只能以一种华人社区的辅助性交际形式而存在。它的前途将随着新加坡华语的发展变化而变化,永远难以摆脱对新加坡华语的依附性。

第三,无论观念怎样宽松,"杂菜式华语"也不具备进入"大华语"的资格。我们只是认为可以容忍"杂菜式华语"的存在,不采取贬抑或讥讽的态度而已。作为汉语教师,我们的职责在于教授规范的、标准的汉语,不应忘记教师的职责而放松或放弃自己的教学标准,去屈就一种不登大雅之堂的华语变体。

类似新加坡"杂菜式华语"的语言现象,在世界各地的华人社区中也许还有不同程度的存在。既然这种语言现象已被明确地断定为非规范的性质,那么我们都可以用对待新加坡"杂菜式华语"的原则来对待:容忍而不推崇,坚守教师职责和教学标准。

## 13. 什么是"淘宝体"?它是怎样流行起来的?

答:最近几年,网络兴起一些以"体"为类名的新式话语[①],"淘宝体"是其中最著名的一种。从发源于网络这一点看,它们类似于网络语言;但从构成方式和表达功能看,它们与上一章说的以词语形式变异为主的网络词语又有区别。它们的共同特点不是词语形式变异,而是表达方式怪异。表达方式属于广义的语法,因此我们放在这一章来谈。

"淘宝体"得名于"淘宝网",是该网的卖家对所售商品做描述和推荐的话语。其特点是:(1)用"亲"("亲爱的"的缩略形式)称呼对方,

---

① 除"淘宝体"外,还有"凡客体""咆哮体""梨花体""丹丹体""私奔体"等。

极力拉近双方的心理距离;(2)每句煞尾用语气词"哦",显示关切口吻;(3)陈述、表达选用轻描淡写的词语,彰显物美价廉、机不可失之意;(4)短短几句营造出一种温馨谐趣的交际氛围,拢住顾客,促成交易。这种新奇的表达方式很受年轻人欢迎,大家纷纷模仿其口吻和格式进行网购,或者用于其他网络交际。这种话语方式被称为"淘宝体"。

"淘宝体"从淘宝网流向社会,用于公务,始于一则搞笑的"警察淘宝体"。2011年6月2日,一位微博名为"@police先生"的北京西城区"80后"民警发了这样一条微博:"都说警察太凶了,以后做笔录就这样问好了:亲,昨晚你在干什么呢?亲,你为什么要赌博呢亲?亲,行政拘留十日不包邮哦亲!还要跑吗?再跑我可要开枪了哦～～"这条微博受到了网友的欢迎。一个网名叫MTJJ的网友受到启发,创作了一组叫"警察淘宝体"的漫画贴到了微博上。漫画上,一个可爱的警察对一名罪犯连连发问:"亲,为什么要犯罪呢亲?""您这罪给十年已经是最优惠了哦亲!""现在入狱包吃包住还送双手连体银镯哦亲。"罪犯满头大汗,而警察仍满脸笑容:"刑满释放了哦亲,欢迎下次光临。""出去后要给五星好评哦亲。"刑满释放的罪犯果然服气:"再也不犯罪了!"[①]

漫画"警察淘宝体"因风趣好笑迅速在网上"蹿红",一些地方的警方网站纷纷仿效,或发出"淘宝体"博文,或转发类似主题的漫画。其性质仍不外乎议论搞笑。然而,2011年7月7日,在一场称为"清网行动"的搜捕网上通缉令的正式行动中,上海市徐汇区公安分局在其官方网站中挂出了这样一份"淘宝体通缉令"[②]:

亲～被通缉的逃犯们,徐汇公安"清网行动"大优惠开始啦!

亲,现在拨打24小时客服热线021-64860697或110,就可预定"包运输、包食宿、包就医"优惠套餐,在徐汇自首还可以获赠夏季冰饮、清真饮食、编号制服……!亲,告别日日逃、分分慌、秒秒惊的痛苦吧,赶紧预定哦!

---

① 路艳霞、黄晓斌《您如何看待"淘宝体"的大学录取短信?》,http://www.1diaocha.com/SurveyDetail_36457069366734.html。

② 中顾法律网《上海徐汇警方"卖萌通缉令"被指"娱乐执法"》,http://news.9ask.cn/Article/ga/07/1459599.shtml。

## 第六章 语法规范问题

亲～记得粉我、转发哦！

徐汇公安分局

邮箱：ga_gwxd@xh.sh.cn

用这样的方式和口吻追捕逃犯，一时舆论大哗。赞赏者认为可以改善警方形象，拉近警民距离；反对者认为太不严肃且无济于事。然而不少地方继续跟进，发布类似微博进行"网络淘凶"，据称居然有效。①

紧接上海市徐汇区警方的"淘宝体"之后，2011年7月16日南京理工大学向被录取的新生发送了这样一条录取短信②：

亲，祝贺你哦！你被我们学校录取了哦！南理工，211院校噢！奖学金很丰厚哦！门口就有地铁哦！景色宜人，读书圣地哦！亲，记得9月2日报到哦！录取通知书明天"发货"哦！上网（http://www.ems.com.cn）就可以查到通知书到哪了哦！

无独有偶，2011年8月1日外交部官方微博平台"外交小灵通"发布的招聘信息也是"淘宝体"③：

亲，你大学本科毕业不？办公软件使用熟练不？英语交流顺溜不？驾照有木有？快来看，中日韩三国合作秘书处招人啦！这是个国际组织，马上要在裴勇俊李英爱宋慧乔李俊基金贤重RAIN的故乡韩国建立哦，此次招聘研究与规划、公关与外宣人员6名，有意咨询65962175～不包邮。

2011年8月10日，郑州市交巡警把"淘宝体"用于交通安全宣传。他们做了一些交通安全警示牌，挂在大学生志愿者的电动车上，或摆放在火车站和重要路口。提示牌上印着生动的警示漫画，还有引人注目的提示语：

亲，注意避让行人哦！

亲，慢车道安全哦！

---

① 2011年11月10日，"中警资讯频道"网页 http://www.jingchazhuangbei.com/zixun/date.asp?1b=jwbd&id=170178 报道《山东烟台警方淘宝体通缉令给力 发布首日两人自首》；2011年12月12日 SRT（四川广播电视台）网页 http://news.sctv.com/gnxw/rdxw/201112/t20111212_923798.shtml 报道《警方发"淘宝体"悬赏3嫌犯 1人迫于压力自首》。

②③ 见百度百科"淘宝体" http://baike.baidu.com/view/5143775.htm。

亲，注意谦让哦！

亲，快车道很危险哦！

亲，红灯伤不起哦！

郑州市的做法在全国不少城市引起了仿效，"淘宝体"进入了广大市民的视野，名声陡涨，更多的年轻人用"淘宝体"来发问候短信。2012年新年和龙年春节期间，无数的拜年"淘宝体"被制作出来，网上已经有"淘宝体生成器"软件下载。

### 14. 什么是"凡客体"？它是怎样流行起来的？

答："凡客体"是网店"凡客诚品"（VANCL）的广告词所使用并因被大量仿拟而流行的一种广告体。2010年，"凡客诚品"邀请青年作家韩寒和青年演员王珞丹做形象代言人，按他们的个性设计了图像和广告词，制作成图版，挂上网页和街头。其广告词分别是①：

**韩寒版：**

爱网络，爱自由，

爱晚起，爱夜间大排档，爱赛车；

也爱29块的T-SHIRT，我不是什么旗手，

不是谁的代言，我是韩寒，

我只代表我自己。

我和你一样，我是凡客。

**王珞丹版：**

我爱表演，不爱扮演；

我爱奋斗，也爱享受生活；

我爱漂亮衣服，更爱打折标签；

不是米莱，不是钱小样，不是大明星，我是王珞丹；

我没什么特别，我很特别；

---

① 见百度百科"凡客体"，http://baike.baidu.com/view/4055632.htm#1。

## 第六章　语法规范问题

我和别人不一样，我和你一样，我是凡客。

广告词模仿"80后"生人的调侃口吻，宣扬个性，彰显了"凡客诚品"的品牌形象，语言幽默风趣，很受年轻人喜爱，人们竞相仿制，挂到网上，互相转发。其中大部分作品不是为做广告宣传，而是为了娱乐、搞笑。搞笑版中的"代言人"被换上制作者想换的人，广告词则被仿拟成制作者想说而由"代言人"说出的话。其中著名的有互动广告公司AKQA推出的"郭德纲版"凡客体，图版正中是身着民族风格的"纪梵希（Givenchy）"牌T恤的郭德纲，而在上方他所代言的品牌名称则被恶搞成"鸡烦洗"，其下方显示的汗衫标价是RMB 15，右方大字显示的广告词是：

爱相声，爱演戏，
爱豪宅，爱得瑟，爱谁谁，
尤其爱15块一件的老头衫，
我不喜欢周立波，
也不指望他会喜欢上我，
我是郭德纲，
能成为鸡烦洗的代言，
我很欣慰。①

"郭德纲版"基本上代表了搞笑型凡客体图版的制作方式：（1）"代言人"图像是PS②成的；（2）被"代言"的品牌或公司是虚拟的；（3）商品价格是随意编造的；（4）"广告词"以"夫子自道"的方式宣传个性，同时顺便自嘲缺点（或自报家丑）；（5）"代言人"不知情，是"被凡客"的。这些做法与原创版"凡客体"只是形似，并不具备原创版的商业宣传性质。于是"凡客体"成了与"凡客诚品"无关的、只是网民们玩的网上游戏。2010年8月"豆瓣网"发起"全民调戏'凡客'"线上活动，共有12356个网友参加，产生了3126件"作品"。被PS的对象，除了文

---

① 见2010年8月10日新浪博客《明星被"凡客"　最爆笑郭德纲》，http://blog.sina.com.cn/s/blog_59481a990100kyg2.html。

② PS：电脑图像处理软件Photoshop的缩写，这里指图像改造。

化名人李小龙、赵忠祥、葛优、余秋雨、郑渊洁、成龙、赵本山、郭敬明、宋祖德、古天乐、李宇春、王菲、小沈阳和网络明星芙蓉姐姐、凤姐（罗玉凤）、"兽兽"、犀利哥等，还有地产名人任志强、台商郭台铭、"西太平洋博士"唐骏和禹晋永，也有影视形象孙悟空、喜羊羊、灰太狼、蜡笔小新、知名网站腾讯 QQ 和游戏软件里的卡通英雄。总之，一切知名人物或事物都可能"被凡客"。其中原因在于知名者"有料"（材料丰富）用来编制"台词"，容易吸引眼球，受到追捧，从而使编制者获得成就感。后来，"被凡客"的范围又进一步扩展至普通人，有的用来宣传自我，有的用来调侃同事或朋友，在 2010 年下半年一度形成了制作、转发和讨论"凡客体"的热潮，以至一些发烧友网上交谈先问一句"今天你凡客了吗？"而不知凡客者几乎要被人视为"网盲"。后来，一些商家发现，"凡客体"狂放不羁的风格、气度不凡的句式和决绝无疑的口吻，可用来凸显企业风采和产品个性，于是想借用其火爆的势头进行促销，制作了一些凡客式广告图版发到网上。比如一幅为"可欧 X300 电子书"的广告图版，左方是电子书的实物图像，左上角用美术字标出企业名称 KOBOOK，右上角标出企业网址，右侧占 3/5 版面的广告词是：

爱阅读，爱生活

爱看合唱团，也爱看盗梦空间

爱看富爸爸穷爸爸，也爱玩大富翁

割舍不下娱乐性能也不想牺牲阅读体验

全格式阅读、1080P 高清、互动游戏任你挑选

爱彩色阅读，更爱全能应用

不要以为我是小小的 MP4

我是可欧 X300

全能第 2 代彩色电子书

商用"凡客"广告的回归，标志着"凡客体"实用功能的回归。毕竟，"凡客体"本来就不是文字游戏，而是广告语体。

"凡客体"广告词快人快语，先声夺人；"凡客式"广告图文并茂，可使宣传效果倍增。因此，有些政府管理部门也看好"凡客体"，把它用到公益宣传上。如一块环卫广告图版，左上角标有"环卫诚品"字

样，左侧有一方形图片，图片上是一辆漂亮的新型垃圾收集车停在垃圾箱旁，背景是整洁的林荫道，车上一环卫工人在热情地喊叫："音乐声一响！就是我来啰！谢谢你的配合呦！"图版右侧显要位置是"凡客体"广告词：

> 爱清洁　爱卫生
> 爱文明　爱劳动
> 爱说垃圾入箱、自觉投放
> 也爱说垃圾不落地 洁美暨阳城
> 大家来努力　城市更美丽
> 我不是神马　也不是浮云
> 我是城市美容师
> 我就在你身边
> 如果你找我
> 可以马上拨打 86884863

在图版正中下方，还有一句通知，分两行排列：

> 虹桥路、澄江路、朝阳路
> 沿街定时定点垃圾收集开始了！

图版右下方是"江阴市澄江环卫所（宣）"字样。这则公益广告制作完美，其广告词尤为精致。制作者充分发挥了"凡客体"的表现力，把环卫工作的意义、环卫工人的自豪、对居民的希望表现得恰到好处。

　　2010年11月，北京大学基础医学院学生陈亚希为了解决微生物知识学习记忆的困难，用凡客体制作了一副微生物扑克牌。扑克牌的两张王牌分别印上微生物学的开山鼻祖巴斯德和科赫的头像，另外52张牌用凡客体表述52种致病微生物的相关知识。每张牌的左上角配有该种微生物显微镜下的彩色图像。牌的花色点数按照微生物的活病性、对人类的危害程度以及人们的了解熟知程度排列。比如"红桃4"介绍拉丁名为Yersniapestis的微生物的语句是：

> 我爱荚膜
> 不爱鞭毛和芽胞

爱肉汤培养基，爱 Cosplay 钟乳石

最爱 F1 和 V/W 抗原

爱鼠毒素和内霉素

还爱腺鼠疫、肺鼠疫

也爱败血症鼠疫

我是吓人的耶尔森氏菌，嗷

我是鼠疫耶尔森氏菌

这副牌用"凡客体"的趣味性消解了科学知识的枯燥乏味，传上网后大受欢迎，使用者人人称便。①

"凡客体"如此广泛地流行，是"凡客诚品"的广告策划者和制作者当初没有想到的。事情的发展有网络传播高效能的因素，然而众多网友愿意"追风"，连警方告示、环卫告示、课业学习都乐意仿用其体式，也表明"凡客体"自身的确具有不俗的品质。

不过，在近于泛滥的"凡客体""淘宝体"中，鱼龙混杂在所难免。有些作品的制作和使用，已经违背了言语行为规范的准则。

## 15. 什么是"言语行为规范"？请结合"淘宝体""凡客体"具体解释一下。

答：言语行为规范是指语言使用者在特定语境中言语行为的得体性。它是语言规范的重要组成部分。语言规范是一个整体概念，它还应该划分为"代码规范""特征规范"和"言语行为规范"三个部分。"代码规范"指宏观整体上的标准语规范，如说普通话还是说方言，就是代码规范问题。"特征规范"指在语音、词汇、语法、文字等方面的具体特征和使用规则，如分不分 n 和 l、说"散步"还是"遛弯儿"、"看了"还是"有看"、用规范汉字还是火星文，就是特征规范问题。"行为规范"，用

---

① 李冲《自制凡客体微生物扑克牌 网络再现医学"神人"》，http://news.xinhuanet.com/edu/2011-08/10/c_121836935.htm。

Bamgbose 的话是"指与言语行为相联系的一套行为常规"①。"行为常规"的说法有点抽象，可以理解为"言语行为的得体性"。中国语言学界论及语言规范，以往主要限于"代码规范"和"特征规范"，很少涉及言语的行为规范，以致语言学界的人对"行为规范"这一概念也感到陌生。

俗话说："好马出在腿上，好人出在嘴上。"口才是重要的才能，言语功能之一就是办事、成事。然而，"会说的不如会听的"。成事还需言语得体，即合乎行为规范。常常见到交际双方都说标准语，代码规范和特征规范都没问题，却因其中一方的某句话措辞不当或说话的态度方式不当而争执不休，甚至导致双方怒目相向，这就是言语行为规范问题。可见，要想交际取得积极效果，仅仅遵守代码规范和特征规范是不够的，还必须遵守行为规范，即说话方式要合乎"行为常规"，使对方觉得即便不认可你说的内容，也能认可你说话的态度方式。

然而，"行为常规"看似简单，实际上却复杂多变，不便描述，也难以尽述。其中主要原因在于交际语境复杂多变，不可能由研究者一种一种地设想出来，再把在何种语境中该如何说话的"常规"一一地描述出来。这种困难正是言语行为规范研究甚少成果的原因。然而正如海姆斯（Hymes）所说："一切制约言语活动的规则都当然具有规范的性质。"②语言规范的研究和教学显然不能片面地限于代码规范和特征规范，更应当致力于包括在"一切制约言语活动的规则"之内的言语行为常规的研究，告诉人们在什么语境中怎样说话是合适的、得体的、合乎"行为常规"的。Bamgbose 把 Hymes 说的"制约言语活动的规则"理解为"一些制约语言使用的超语言因素"③。就是说，日常使我们感到言语得体性的因素，不在语言系统之内，而在语言系统之外，是"超语言"的因素。这种超语言因素，正是社会语言学所研究的"社会因素"或"社会变项"，可以具体化为：

    a. 什么人（年龄、性别、阶层、身份、文化教养……）

---

① 关于"代码规范""特征规范"和"行为规范"的区分及含义，参见拙著《规范语言学探索》（增补本）中"附录"的 Bamgbose 的《论语言规范》一文，上海三联书店，2003年，第229~239页。

②③ 同上书，第230页。

b. 在什么时间 （年代、时期……）

c. 什么场合 （谈判、交易、演说、课堂、酒吧、聊天、网聊……）

d. 对什么人 （同a）

e. 为什么目的 （推销、购物、应酬、教诲、赞赏、批评、责怪、劝谕、安慰、宣示、调侃、夸耀、自嘲、羞辱……）

f. 以什么方式 （语体、身姿、腔调、口吻、音量、句式、篇幅、风格……）

g. 说（或写）什么样的话题或内容的话 （喜庆、灾凶、疾病、死亡、恐怖、食物、性、学问……）

以上七项因素互相制约的综合作用，会使话语产生一种交际效果：可接受与否。对方在不怀偏见或敌意的前提下觉得可以接受，同时与双方利害无关的多数他人也感到合适，这样的言语行为就是合乎"行为常规"的、得体的、符合规范的。相反，如果令人感到突兀、荒唐、反感，这样的言语行为就不得体，当然也难以被接受。

需要说明的是，言语行为的得体与否，从根本上说是一个文化习俗的问题。以上诸多因素在文化习俗的作用下会产生极微妙的作用：在某些文化习俗中，某项因素可能导致言语行为不得体；而同样的因素在另一文化习俗中则无关紧要。比如赵本山的小品《卖拐》为了赚取笑声，以残疾人（瘸腿人）为调侃对象，这种言语行为在中国可以被接受，在美国则不被接受；在美国，教师讲课可以坐到讲桌上，而在中国则万万不可。

按照以上关于言语行为规范的理论来看前面述及的"淘宝体"和"凡客体"，我们觉得其中是非不能简单判定，需做一些具体分析。

首先看"淘宝网"原创的商用"淘宝体"。它是卖家为了达成交易使用的言语策略。卖家是为了赚钱，买家是想买到物美价廉的货品，双方容易构成一种紧张关系。卖家为了避免紧张的出现，或者缓解已出现的紧张，主动采用亲切、诙谐的"淘宝体"，买方则用"戏仿"的方式接续话轮，和谐的交易气氛由此形成。交易当然不一定会因交谈的和谐而成功，但和谐的交谈能使人愉快，这合乎中国文化习俗中"买卖不成仁义在"的行为常规。因此"淘宝体"可以说是一种成功的创造，它创造了一种新鲜有趣的网络交易言语行为规则，促成了不少笔交易。不过适用于"淘宝网"的言语行为方式不一定能成为普遍适用的语体规范。"语体规范"是交际中必须使用某种语体的规则。相信任何人都不会认为所有网络交易只能用"淘宝体"而不能用其他方式商谈。假如所有网店都如法炮制，清一色地使用"淘宝体"，反倒可能会造成一种滑稽不堪的情景。由此可见，即便在网络交易范围，"淘宝体"的功能也是有限的。其中原因主要在于"淘宝体"所营造的温馨亲密具有相当程度的虚假性，它力求掩盖买卖双方为各自的利益进行博弈的实质，其表面上的体贴关怀口吻尤其容易被缺乏诚信的商家利用来设置购物陷阱。在社会诚信尚未普遍建立的情况下，泛滥的商用"淘宝体"给疑虑重重的网购者带来的充其量不过是"冰层上的温暖"①。有鉴于此，对于商用"淘宝体"的行为规范资格只能做有限度的认可，而它作为网络交易的"行为常规"性质，则是可疑的。

　　再来看那则"警察淘宝体"。那位"@police先生"编发它，本来是为了针对"警察太凶"的指责而进行自我辩解。但他没有正面解释说警察其实不凶或者凶也是必要的。他戏仿商用"淘宝体"，利用其幽默风格正话反说，不仅消解了"太凶"的指责，而且反讽了指责的荒谬，更向公众推出了自己幽默、有情趣、近人情的"网友"形象。这则"淘宝体"不仅成功达到了其编发目的，而且巧妙地把不可能出现的交际情景虚拟得活灵活现，以致把仿拟的商用"淘宝体"原来难以避免的矫情成分都冲刷掉了。人们解读后会心一笑之余，也认可了他的辩解，放弃了一些对警察的成见。另外，那组受其启发而推出的漫画，也可谓异曲同工。人们分享了"警察淘宝体"的幽默之后，当然不会以为警察真会这样行事。可见"警察淘宝体"在言语行为规范方面不应存在疑问。

　　然而假戏不能真做。"警察淘宝体"本是"戏说"，但上海市徐汇区的"淘宝体通缉令"却把它做成了"真事"。这给人的第一印象就是突

---

　　① 韩皓月《"淘宝体"：冰层上的温暖关系》，http://news.xinhuanet.com/newmedia/2011-08/07/c-121823290.htm。

兀,不合常规,以致被众多网友评为"卖萌"①。警务行为历来使用严肃、庄重、矜持、雅正的语体。这有助于昭示相关事务的严正意义和重要性质,维持主事者端方正直的公共形象,同时也可保持交际双方必要的距离。以轻薄的态度、搞笑的话语行使警务,既消解了事务的严正性,自损了形象,也不能从对方获得尊重。假如我们见到舞台大堂上正在审案的包公对百般狡赖的陈世美忽然满口地"亲~",一句一声地"哦",不断地承诺"优惠",还要对方"记得粉我②",那将是何等滑稽!上海徐汇警方的"淘宝体通缉令"所构建的就是这样一种滑稽。滑稽的本质是把正经严肃的事弄成荒唐。滑稽一出现,正事就做不下去了。徐汇警方大概不久就意识到了下一步的难办:假如真有逃犯前来自首,还能用"淘宝体"接待吗?加上批评不断见于网上报上,于是又把这则"淘宝体通缉令"从网页上删除了。这恰好说明"淘宝体"不适于警务。使用不当,自然不合乎规范。

然而据报道,直到 2011 年 11 月和 12 月,还有山东烟台和江苏常州等地的逃犯见到当地警方的"淘宝体通缉令"后自首③,这又如何解释呢?这是否表明"淘宝体"有感召逃犯的独特魅力呢?我们认为,如果真这样认为,就是把事情看简单了。犯人归来自首,原因肯定相当复杂。而最主要的应当是当时正在全国雷厉风行进行的"清网活动"使他们感到了新的威慑,担心隐藏不下去了,同时"通缉令"恰好向他们传递了自首可以减罪的信息,于是就借坡下驴,赶紧归案了。这里究竟是"通缉令"的信息还是"淘宝体"的"温馨"在起作用,难以分清,而归顺的逃犯本人也没有表白,旁人当然不宜代言。不过,常州警方通缉的是三名逃犯,自首的也就一人。另两人为何不来?莫非"淘宝体"的魅力对他们二人无效?其实这本身正好表明把嫌犯归案的原因看成是"淘宝体"的魅力的说法是轻率的,经不起推敲。

至于南京理工大学的"录取短信",由于学校和学生有亲密关系,

---

① 卖萌:网络词语,意为"假装可爱"。
② 粉我:网络词语,意为"追捧我"。"粉"为网络词语"粉丝"(英 fans)之省。
③ 见网络新闻《烟台警方发布淘宝体通缉令 发布首日两人自首》,http://www.qingdaonews.com/gb/contene/2011-11/10/content_9004909.htm;《警方发"淘宝体"悬赏 3 嫌犯 1 人迫于压力自首》,http://www.chinanews.com/fz/2011/12-12/3523722.shtml。

录取又是喜讯，与警方对逃犯的通缉不同。校方为了使学生及早获知录取结果，消除等待的焦虑，用"淘宝体"先报个消息也未尝不可。而且，那条录取短信的内容和措辞确实使新生感受到了学校的亲切可爱。这一言语行为还是得体的。然而它毕竟缺乏录取通知书的"正式"功能，不然为何要另发"录取通知书"呢？而且，南理工的这种做法也不是可以普遍仿效的。北大、清华、复旦等名校这样做等于纡尊降贵，肯定不屑如此；而那些比南理工差很多的大学本来就乏善可陈，如果也炮制这样一份故作亲昵又自我炫耀的"淘宝体"录取短信发给学生，又不巧该生正为自己没能考到理想学校而苦恼，那么这学校岂不是要被看成自作多情了吗？那还不如一份传统的朴实无华的录取通知书更为得体。

还有用于招聘和交通安全宣传的"淘宝体"，它们的性质和作用与用于录取通知的"淘宝体"差不多，这里不再多说。只是"凡客体"有些不同，有些"凡客体"行为不当，已经涉嫌侵权。

## 16. "凡客体"侵权了吗？有那么严重吗？

答：有。问题还比较多。为了说明情况，这里先把网上流传的"凡客体"图版做一个简单的分类：

A类：商用的。又分两小类：

$a_1$ 用于企业形象宣传，如上述原创的"韩寒版""王珞丹版"；

$a_2$ 用于产品性能介绍，如上述"可欧 X300 电子书"版。

B类：公益的。也可分为两小类：

$b_1$ 用于社会管理，如上述"环卫广告"版；

$b_2$ 用于知识学习，如上述"微生物扑克牌"版。

C类：娱乐搞笑的。可再分为两小类：

$c_1$ 自我展示的；

$c_2$ 代言他人的，又可分为三小类：

$c_{21}$ 朋友、同事间开玩笑的（例略）；

$c_{22}$ 代文学人物、卡通英雄宣扬个性的（例略）；

$c_{23}$ 恶搞他人的。

以上 A、B 两类之和约占"凡客体"总量的二成，C 类的 $c_1$ 和 $c_{21}$、$c_{22}$ 之和约占总量的六成。这些都不存在侵权问题。就是说，多数"凡客体"在言语行为规范方面并不存在问题，社会效果是正面的、积极的。问题主要在 $c_{23}$ 类。尽管只是仅占二成的一个小类，但因涉及者多系个人，影响较大，不可忽视。现在我们就来讨论这一小类。

所谓"恶搞"，就是恶意地嘲弄。言语行为涉及他人，出发点应当是与人为善。如果目的是非善意的，势必伤害他人，仅此一项已违背言语行为规范。恶搞型"凡客体"对被"搞"的人构成的伤害有两方面：(1) 在未获对方许可的情况下使用并改造其电子图像，侵犯了肖像权；(2) "广告词"以被搞者第一人称口吻自曝缺点或隐私，实为人身攻击，侵犯了名誉权。第(1)项侵权性质相同，不必细析。第(2)项侵权有程度上的不同。程度较轻的，如前述的"郭德纲版"，说他"爱得瑟"①，这在郭德纲大概还可容忍一下。程度稍重的如②：

马诺版（节录）：

……

爱宝马，爱￥￥，爱非诚

拜金不是我的错

……

罗玉凤版：

我懂诗画，会弹琴，精通古汉语

9 岁起博览群书，20 岁达到顶峰

我智商前 300 年后 300 年无人能及

我只读《知音》、《故事会》

宇宙无敌超级第一自信

我在家乐福超市工作，世界 500 强

我是罗玉凤

---

① 得瑟：东北方言词，词音是 dèse（第二音节轻声），"得瑟"二字是借音字，字音为 désè，字音与词音声调不合，但本字无考。词义为"轻狂、轻贱地出风头""不得体地炫耀"，多用于贬斥对方，为轻度詈语。

② 以下有关"凡客体"的资料，均取自百度图片"凡客体"。

图版左方是 PS 的罗的半裸半身像,其肩背上方还有两行小字:贰逼版纪念款婚纱 / RMB 250。

郑渊洁版(节录):

……
我小学都没毕业
我会写童话
……
我是郑怨姐

郭台铭版(节录):

……
爱洛丽,更爱熟女
爱嘉玲,更爱长腿志玲
……

很明显,以上所摘语句嘲弄的是:马诺爱钱,罗玉凤狂妄无知,郑渊洁学历低,郭台铭绯闻多。广告词之外的恶搞还有:郑的半身像右侧有三行小字:牛逼小学 / 立领衬衫 / ￥249;借所"代言"的商品价格和品牌,骂罗玉凤是"二百五""贰逼"①,郑渊洁是"二百五还不到",名字则被恶搞成了"怨姐",意谓只配做女人。

被恶搞得最厉害的是宋祖德。其图版正中人像为身穿白色圆领 T 恤的宋祖德坐姿,前胸印两行红字:我三八 / 我光荣。人像左方有两行小字:男款三八式圆领 T 恤 / RMB 38,右方大字广告词为:

爱八卦,爱生活
爱揭老底,爱拉家常
更爱 38 一件的三八式 T 恤
不是八婆,胜似八婆
我是你们心中永远的大嘴

---

① 二百五:北方方言词,骂人话,"弱智、蠢货"之义。贰逼:东北方言词,本字为"二屄",骂人话,"不明事理、愚蠢"之义。意近沪语"十三点"、粤语"八婆"。

>我是宋祖德
>
>我没神马毛病
>
>医生说只是口水分泌过剩
>
>别问我为何这样红
>
>因为我是煮的（祖德）

图版左上角为"DEDA 德达侦探"字样，右上角为虚拟的网址。

在这里，骂人话"三八"和 38 及其同义的"八婆"共计出现六次，显然作者是在说宋蠢到家了。这还不够泄愤，还要借医生的话加以羞辱。最后还不忘把宋的名字谐音成"煮的"，以双关照应"红"：因煮而红，应该是虾蟹之类。

问题已经不在于上述人物究竟有没有词句中所指的缺点、丑闻或隐私，而在于即便所言都确有其事，也不该在网上这样指名道姓地进行恶搞、辱骂。中国传统道德箴言对于即便该打骂的人，也做了照顾最低尊严的限制：打人莫打脸，骂人别揭短。可是这几则"凡客体"不仅骂得狠，还以揭丑揭短为能事。凡是在网上曾被曝光的当事人的短处、丑闻都被集中起来再次曝晒，并加以讥讽。作者似乎忘了，包括他自己在内的每个人都是有缺点的，只是多少轻重有别而已。而站在道德的制高处，装上"义角"，津津乐道于他人短处，以羞辱他人为乐事，这行为本身已经是道德缺陷的表现。就算是宋祖德是"大嘴"，我们见到宋祖德被骂时则又见识了另一张"大嘴"。而对罗玉凤的攻击则更不止一张"大嘴"。百度图片上恶搞她的"凡客体"就有三个不同版本，还有以他人为主题而与罗无关的图版也不忘在言辞中捎带上"凤姐"，至于众多网站上类似的帖子更是不计其数。围攻者如此之多，莫非罗玉凤果真得罪过这么多人吗？并非如此。罗本是个资质处境都较差的弱者，只不过不甘居于弱者的地位，且不够自知自重，说了些轻狂的话哗众取宠而已。弱者也有言论的权利，就算她的言论比较差劲，对围观者引起的至多不过是不快，并无实质性伤害，大家看了听了，大可绅士一点，一笑置之，何必以极端的言辞群起而攻，使之无地自容呢？可能有人会想：本是搞笑，何必较真？但是作为言语行为，搞笑应遵守"谑而不虐"的限度。"谑而不虐"的分寸固然不易掌握，但言语动机是可以自察的，言语效果也是不难估计和察验的。从上述例子中我们看不出作者有尊重他人的善意,看到的只是以嘲弄他人为乐事的动机,由此出发,必然"谑而至虐",侵犯对方的尊严和权利。近些年来,网络言语暴力已经成为比较严重的社会问题,网络言语行为规范的建设应当得到有关方面的重视。

当然,话还得说回来,"凡客体"中不合言语规范而且问题又比较严重的毕竟只占少数,大多数"凡客体"还是不错的。这是令人感到欣慰的。

综上所述,言语行为规范归根结底是一个道德修养问题。如果一个人缺乏与人为善的修养和宽厚忠恕的仁德,就不会有恰当的言语动机,与言语行为规范相关联的七个"超语言因素"中的"为什么目的"首先出了问题,整个言语行为都不可能得体。那么,言语行为规范的建设,主要还得从提高社会道德和国民修养做起,同时辅之以相应的形式规定。

## 17. "淘宝体"和"凡客体"涉及这么多有趣的话题和内容,对外汉语教学中可以讲一些吗?

答:我们在这里借"淘宝体"和"凡客体"引入言语行为规范的讨论,目的是希望对外汉语教师提高语言规范的理论修养,增强观察、分析和解释相关语言现象的能力。我们期望广大教师面对新鲜活泼而又纷纭复杂的语言现象时,能够运用相关理论知识形成自己的见解,不随波逐流、人云亦云,更不致茫然无措,做单纯的围观者。但教师和学生身份不同,需求必然不一样。教师有一桶水,不必全部都倒给学生,有时也许只倒一杯就足够了。每个教学阶段都有教学大纲规定的教学任务,教师首先应把精力放在教学任务的完成上。"淘宝体""凡客体"之类形形色色、花样翻新的流行语体,本国人会觉得新鲜有趣,但因涉及的语言、文化、社会的问题太多太广,外国学生会产生理解上的困难,而且实际用途并不很大,因此如果没有正式列入教学计划,我们也就没有非讲不可的必要。

不过,上面是就一般情况而言。"淘宝体""凡客体"本身的性质和功能各种各样,有的单纯搞笑,言不及义,但也有相当一部分具有实用性,已进入商务活动和社会管理。而外国学生,特别是来华留学生,到了中高级阶段已经有了进入中国社交的需求，所具备的汉语知识和能力已经可以理解"淘宝体""凡客体"之类现象，那么少量选一些精品做适当的介绍，也未尝不可。像下面两块已经树立在南京、上海街头的"凡客体"宣传图版，不仅对中国人有用，对于外国人也是有用的：

一块是防盗"凡客体"图版：

图版左侧图像为一个打算翻窗入室的蒙面小偷，右方的广告词为：

爱撬门，爱翻窗，
爱戴头套，爱戴手套，
也爱对老人说我是你儿子的同事，
也爱对小朋友说我是你爸爸的朋友，
有时也说我是推销员，
我不是神马，也不是浮云，
我是小偷，
我一直在找你家，
若你看见我
就马上拨打110。

右下方为警徽和落款：南京市公安局白下分局/月下湖派出所（宣）。

另一块是防电话诈骗"凡客体"图版：

图版左侧是一个形象猥琐的正在打手机的骗子，图示电话内容为："让你银行转账呢……不要告诉银行工作人员哦！"图像右方的广告词为：

爱打电话，爱发短信，
爱装警察，爱装法官，爱装检察官，
也爱说电话欠费、法院传票、银行转账，
恶意透支、涉及洗钱、安全账户……
我不是神马，也不是浮云，
我是电讯骗子，警察一直在找我，
如果我找你，马上拨打110。

图片右下方还有警示语：谨防虚假信息诈骗！右下角是警徽和落款：上海市公安局（宣）。

如果在完成教学计划的前提下,教师能收集一些此类图版,适当安排一些时间,给学生讲解一些有关知识,既可以丰富教学内容,活跃课堂气氛,提高学生的学习兴趣,又能使学生学到一些安全常识,培养自我保护意识,相信是会受到学生欢迎的。

## 思考与练习

1. 普通话为什么要"以典范的现代白话文著作为语法规范"?在当前的大众写作时代,这个标准还有用吗?为什么?

2. 根据自己的理解,谈谈"语法体系""语法系统"和"语法规范"的关系。

3. 就王力先生的观点"语法里只有习惯,没有天经地义",联系自己知道的语法知识,谈谈语言习惯在形成语法系统中的作用。

4. "一下、两下、三下"的"下"是动量词,前面一般用可计算动量的动词,如:

> 只拍了一下,还没拍第二下,气球就破了。
> "二踢脚"要响两下才对,响一下算臭。
> 按照约定的暗号,他的右眼眨了三下,我懂了。

试根据上述用例,概括出"V一下"的语法规则。然后思考并回答下列问题:

(1) 现在"V一下"的V也常用不可计算动量的动词,意思相当于动词重叠形式"VV",如"议论一下"相当于"议论议论","享受一下"相当于"享受享受"。这样的用法合乎规范吗?为什么?请多收集一些类似用例,探讨一下其中有无合理性因素,可否为"一下"的这种用法再建立一条语法规则?

(2) 动宾结构的动词,如果重叠,只能说成"VVO",不能说成"VOVO";如果加"一下"只能说"V一下O",不能说成"VO一下"。假如有外国学生问:"为什么只能说'跑跑步',不能说'跑步跑步',只能说'跑一下步',不能说'跑步一下'?"你将怎样回答?

5. 赵元任《汉语口语语法》(吕叔湘译)一书中举过这样两个例句:

他还没到家以前就累的走不动了。

他已经到了家以后才知道有多累。

对于这两个例句,赵元任只是用描写的口吻指出:在现代汉语口语中,"在用'以前'的句子里常常用个多余的'没有',在用'以后'的句子里常常用个多余的'已经'"。他没有明确指出这种用法的对错。现在我们也常听到"没(有)V 以前"和"已经 V 以后"这样的说法。这样的说法是不是语法错误?是否必须去掉"多余"的"没(有)"和"已经"才合乎规范?或者,假如保留"没(有)"和"已经",就应当去掉"以前""以后",才不致"重复""多余"?评判这样的语法现象,"理性原则"和"习性原则"似乎都可以用,用其中哪个原则更为合适?为什么?试分析这种语法用例的性质和成因,并尝试收集一些类似用例,写一篇论文进行探讨。

6. 汉语中的"差点儿……"常构成正反用词同义的说法,如:

| A | B |
|---|---|
| 差点儿跌倒 | 差点儿没跌倒 |
| 差点儿迟到 | 差点儿没迟到 |
| 差点儿死了 | 差点儿没死 |
| 差点儿离婚了 | 差点儿没离婚 |

A、B 两种矛盾的说法都合乎规范吗?为什么?"差点儿+V"和"差点儿+没V"格式的所有类推用例都同义吗?尽量多搜集一些例子,看看能否找出一些规律。

7. 为什么语言规范必须包括"言语行为规范"?观察分析各种场合的言语交际,收集言语行为得体与否的实例,谈谈自己的体会。

8. 除了"淘宝体""凡客体",网上还有"咆哮体""梨花体""丹丹体""信不信由你"等各种"体"在流行,请搜集一些用例,用言语行为规范理论加以分析,然后写成论文。

## 参考文献

1. 戴昭铭（1986）规范化——对语言变化的评价和抉择，《语文建设》第 6 期。收载于《规范语言学探索》，上海三联书店，1999 年；又收载于《规范语言学探索》（增补本），上海三联书店，2003 年。
2. 戴昭铭（1992）语言习惯、约定俗成和语言描写，《语文建设》第 4 期。收载书同上。
3. 戴昭铭（1999）语言功能和可能规范，《语言文字应用》第 2 期。
4. 陆俭明（2000）对外汉语教学中的语法教学，《语言教学与研究》第 3 期。
5. 吕冀平、戴昭铭（2000）《当前我国语言文字的规范化问题》，上海教育出版社。
6. 吕文华（1999）《对外汉语教学语法体系研究》，北京语言大学出版社。
7. ［苏］斯图平（1992）规范的实质及确定规范的标准，郑述谱译，《外语学刊》第 1 期。
8. 吴英成（2010）《汉语国际传播：新加坡视角》，商务印书馆。
9. 赵元任（1989）什么是正确的汉语，《江西师范大学学报》第 3 期。
10. 邹韶华（1996）试论语法规范的依据问题，《语言文字应用》第 4 期。

# 后　记

　　本书从写作到出版有一个时间跨度。写作时间在 2010—2011 年间，当时《现代汉语词典》只出到第 5 版，因此本书所援引的相关资料均以《现代汉语词典》第 5 版为依据。到本书印刷出版时，《现代汉语词典》第 6 版已经面世。为了说明问题，在最后一遍校改时援用了"第 6 版说明"中的个别数据。书中从《现代汉语词典》第 5 版所援引的其他资料，并不影响问题的说明和观点的表述，因此没有再根据《现代汉语词典》第 6 版进行调整。特此说明。

作　者<br>
2012 年 7 月 30 日